近現代日本の家族形成と出生児数

子どもの数を決めてきたものは何か

石崎昇子

Ishizaki Shoko

明石書店

目 次　近現代日本の家族形成と出生児数——子どもの数を決めてきたものは何か

序　章　本書の課題・方法・構成 7

 1．本書の課題　7
 2．近代社会における多産家族出現の要因に関する研究史　11
 3．本書の方法　14
 4．本書の構成　19

第1章　近世後半期～明治前期
　　　　都市型、都市近郊農村型、東北農村型の出生養育 25

 第1節　都市型、都市近郊農村型の出生養育　25
  1．合計出生率の低い都市型の出生養育　25
  2．合計出生率の高い都市近郊農村型農村部の出生養育　27
 第2節　東北農村型農村部の出生養育　29
  1．近世後半期の東北農村型農村部の人口変動　29
  2．東北農村型農村部の合計出生率の変動　33
  3．合計出生率変動の要因——村落規制による出生児数コントロール　34
  4．明治維新による村落規制の崩壊　38
  5．計画によらない多産家族の出現　40
 おわりに　41

第2章　明治中・後期の3類型の出生養育 47

 第1節　明治中・後期の都市型、都市近郊農村型の出生養育　47
  1．都市型——家族形成できない労働者　47
  2．都市近郊農村型——近世後半期から続く多子家族　51
 第2節　東北農村型農村部の多子家族化と地主制度の拡大　54

1．農民家族の困窮化と多子家族化　54
2．地主制は生活保障＝多産抑制に働かなかった　55

おわりに　60

第3章　明治期の人口に関する国家政策　65

はじめに　65

第1節　明治前期の人口に関する国家政策　66

1．徴兵制と人口政策　66
2．移民と人口政策　68

第2節　公衆衛生に関する国家政策　70

1．医療制の近代化と産婆の堕胎禁止令　70
2．公衆衛生と産婆　72
3．乳児死亡調査開始――公衆衛生の確立へ　75
4．保健衛生調査会の発足へ　77

おわりに　80

第4章　労働者家族・新中間層家族の形成と計画的出生への志向　85

第1節　労働者家族・新中間層家族の形成　85

1．安定的労働者家族の形成　85
2．新中間層家族の形成　91

第2節　新中間層家族・労働者家族の計画的出生志向　94

1．新中間層家族の計画的出生志向　94
2．避妊に関する社会風潮　96
3．1920年代の都市部における産児調節の実際　99
4．労働者家族の計画的出生志向　99

第3節　都市部における合計出生率の微妙な変動　106

おわりに　108

第5章　出生率の差が生み出した地域により異なる農民家族のあり方　115

はじめに　115

第1節　都市近郊農村型における小作関係の変動と農民家族の自立化　116

1. 都市近郊農村の小作農民家族の自立的経営志向　116
2. 岡山県旭東4郡の小作農民意識　119
3. 都市近郊農村型農村部に顕著になった産児調節と合計出生率の低下　122
4. 1929年の産児調節公認法について　123

第2節　東北農村型農村部における小作農民家族自立の困難　124

1. 東北農村型農村部における地主・小作関係　124
2. 小作農民家族の自立獲得の困難　125

おわりに　128

第6章　戦時期の国家政策と3類型の合計出生率の動向　131

第1節　戦時期の人口増加政策　131

第2節　戦時期の合計出生率の動向　133

おわりに　134

第7章　計画的出生養育の一般化　137

第1節　都市型・都市近郊農村型における計画的出生養育の一般化　137

1. 都市型における労働者家族の計画的出生養育の定着　137
2. 都市近郊農村型農村部における計画的出生養育の定着　140

第2節　東北農村型農民家族の意識変化と計画的出生養育の一般化　143

1. 1940年代の農民家族意識　143
2. 1950年代の農民家族意識　147
3. 1960年代の農民家族意識　151

第3節　毎日新聞世論調査からみる3類型の計画的出生動向　154

おわりに　156

第8章　家族形成の新たな困難 — 161

はじめに　161

第1節　1975〜85年の合計出生率の低下とその要因　162

1. 1975〜85年の合計出生率の低下と女性未婚率の上昇　162

第2節　1985年以降の合計出生率の低下とその要因　167

1. 1985年以降の合計出生率の低下と女性未婚率の上昇　167
2. 少子化問題は労働問題である　173

おわりに　175

終章　まとめ — 179

あとがき　183

巻末資料　189

人名索引　197

事項索引　199

初出一覧　203

図表一覧　204

序章

本書の課題・方法・構成

1. 本書の課題

1 近世後半期から近代にかけての人口の変動と出生児数

　1721（享保6）年、徳川幕府により初めて行われた全国人口調査では、全国人口は約3100万人余り[1]、150年後の1873（明治6）年は3489万人[2]と近世後半期150年間にはほとんど人口変動はなかった。

　これに対し、近代の明治・大正・昭和戦前期を経てアジア太平洋戦争後の1953（昭和28）年は8590万人余りと、明治に入った1873年から1953年までの80年間で人口は約2.5倍になるという劇的な変化をとげた。この間、数回の戦争があり非日常的死亡も多かったが、人口は増え続けたのである。

　このような人口増加の要因は大きく2つ考えられる。

　ひとつには、近世期後半に比して近代社会では平均余命が延びたことがある。

　長期間の動きのわかる中部地域の3つの村の男女を参考にしてみると、平均余命は17世紀には30歳、18世紀には30歳代半ば、19世紀前半には30歳代後半だったとされる[3]。

　それが、明治に入った1891（明治24）～1898年では男42.8歳、女44.3歳となり、戦時期を除くと平均余命は年々延びて1950（昭和25）～1952年には男59.57歳、女62.97歳[4]となって人口増加を支えた。

　もうひとつの要因は、1人の女性が生涯の間に産む子ども数の変化、すなわち合計特殊出生率[5]が変化したことがある。

この合計特殊出生率（以下、合計出生率と表記する）[6]は、本来、女性が出産できる年齢まで生き次世代を2.07人程度産めば人口は維持され、それ以下になれば将来人口は減少し、それ以上では将来人口は増加するという人口変動に使用される指標である。が同時に、1人の女性が生涯で産む子どもの数の平均値の近似値を示すものでもある。

　そして、婚姻により家族を形成し家族として子どもを出生養育することが圧倒的に多い日本においては、ほぼ1家族が産む子どもの人数の平均値になっている。

　大きくいって近世後半期の一般的家族は小家族で子どもは2〜3人程度と合計出生率は低く[7]、ほとんど人口を変動させないような数値であるが、近代社会で合計出生率が初めて算出された1925（大正14）年には全国合計出生率は5.10人と高くなっている。

　近世後半期の徳川時代よりも、明治時代以後の近代社会の方が多子家族は多いのである。

　その後、全国合計出生率は1930（昭和5）年4.71、1940年4.11[8]と低下していくが、1960年に2.02になるまでは、高い合計出生率が日本の人口増加の大きな要因であった。

　全国合計出生率は戦後の高度経済成長期の1960年に2.00[9]となって以後、1965年は2.14、1970年は2.13と1975年ころまでは2人台強で推移し、歴史社会学者の落合恵美子が「家族の戦後体制」[10]と名づけたように皆が結婚し2〜3人程度の子を産む安定的な状態が続いた。

　だが、合計出生率は1975年に2人を切って1.91となり、1989（平成元）年には1.57、1993年1.46となって、1993年以降は1.5人を切るようになった。人口もついに2011年から減少に転じた。

　近世後半期から近代・現代にかけての人口変動はもっぱら合計出生率の変化によって生じており、その合計出生率は1700年ころから現在までのわずか300年間で大きく変動している。

　合計出生率が2〜3の安定的な人口で150年間続いた近世後半期から、近代に入り明治・大正と一挙に5人を超える出生児数となり、アジア太平洋戦争時期を経て戦後は合計出生数は減少して2人台となり1960年に2人強で安定し、1975年から現在まで急激に減少し1.5を切るところまで来ている。

2 現代まで続く合計出生率の変化

　合計出生率が1.5を切るようになった1990年半ば以降、将来人口減少を防ぎ、社会を維持していくためには合計出生率の増加が図られなければならないという主張がされるようになった。

　そして、そのために女性に出産させるにはどうすればよいかという問題として議論がなされている。

　だが、これを、女性の側の問題として議論することは、正しくない。

　子どもの出生人数を決めてきたのは、女性個人の問題というよりは、家族の問題であり、家族に出生児数を決めさせてきた社会の問題だからである。

　歴史的にみて、近世後半期150年間は人口が増えないだけの人数しか産まなかったのは何故なのか。

　近代になって合計出生率が突然高くなったのは何故なのか。

　のちに具体的に示すが、合計出生率は大ざっぱにいえば、都市部は少産、農村部は多産と地域によって大きく異なっていた。その合計出生率が、1960（昭和35）年に全国的に2人程度に収束していったのは何故なのか。

　そして、1960年代からは子ども2人程度の家族が全国的にスタンダードになり安定していたが、1975年からは2人を切り、1990年代半ばから1.5人を切るところまで落ち込んでいったのは、何故なのか。

　それらの歴史的要因を検討することなく、合計出生率の落ち込みを女性の側の問題としてのみ論じ、女性は子どもを産むべきだ、出生率の上昇を図るべきだといっても空しい議論だし、また、人口を急激に増加させてきたような多産社会が、はたして人々にとって望ましい社会であったのかどうか、多産であった時代の社会のあり方をみなければ判断することはできないだろう。

　子どもを産むか産まないか、幾人産んで育てるのか、子どもにどのような教育を与えるのか、それを考え選択した家族・夫婦の意識や行動が、次の社会や経済のあり方を決めていった。と同時にその時代の社会経済のあり方が、産むか産まないか幾人産むかの選択や、産んだ子の養育や教育の質をどうするか等の家族・夫婦の意識や行動を決めてきたのである。

　したがって、近代社会において出生児数と養育の質がどのように決定されてきたかを明らかするためには、近代社会における庶民の家族の形成の歴

史、その家族の形成を規定してきた多数の人々の意識形成の歴史を明らかにしなければならない。

さらに、家族がその選択をしたときの意識は近世社会から同じなのか、近代社会に特有のものなのかが検討されなければならない。そして、近代社会において意識や行動に変化があったとすれば、それらの変化は、近代日本資本主義経済社会の形成、確立とどのように対応していたのかが、問われる必要があるだろう。

明治・大正・昭和戦前期の近代社会の家族を近世後半期の家族や現代の家族と比較してみるときに、最も特徴的なことは、多子家族が多かったということである。

大正期の合計出生率は全国では5人強であるが、一部の農村においては家族に6人以上もの子どもがいることは普通になり、子が10人という家族も珍しくなかった。

その多産化も、地域によって大きく異なっていた。

合計出生率が確定された1925（大正14）年の合計出生率からみると、地域的に大きく3種に分けることができる。出生児数が3～4人程度の都市地域と、5人程度の都市近郊農村地域と、6人以上の東北農山村地域を代表とする日本の多くの農山村地域である。

さらに多産化が著しかった東北農山村地域をみると、出生児数が増えたのは裕福な農民家族においてではなく、貧しい農民家族においてだったという特徴がある。

近世後半期には子が2～3人の少子家族だった東北農山村地域を典型とする農山村部の下層農民家族に、近代では子が6～9人の多子家族が増えてきたのは何故なのか。

また、資本主義経済の本格的展開にともなって、1910年代以降、都市部を中心に形成されてくる労働者家族や新中間層家族が、出生児数3～4人前後の少産家族として立ちあらわれてくるのは何故なのか。

都市・都市近郊農村・純農山村と地域の大きな違いがありながら、1960年代にすべての地域で子ども2人程度の家族がスタンダードになったのは何故なのか。

これらの問題を明らかにせずには、日本の近代は明らかにされたといえな

いだろう。
　そして全国的に2〜3人の子ども数が一般化するようになった後で、現在の合計出生率1.3前後という社会になっていったのは何故なのか。
　以上の問題認識のうえに立つ本書の課題は、近世後半期から現在に至るまでの、家族の出生児数を決めてきた家族のシステムを明らかにすることであり、各時代に多数を占める農民や労働者などの庶民の男女がどのように家族を形成し、子の出生養育を決めてきたかを追究することである。
　そのため、農民や労働者など庶民の男女が家族を形成していった条件によって合計出生率が異なるグループとして、A都市型、B都市近郊農村型、C東北農村型という3つの類型を選び、各々の類型の家族が出生する子どもの平均値＝合計出生率の変動と農民家族や労働者家族をとりまく環境と、家族・夫婦の意識の変化を明らかにしていく。
　そして、類型によって、出生児数も家族をとりまく環境も異なりながら、1960年代には、各家族が自立的に計画して子どもをつくり養育することが一般化し、2人程度の子どもを持つことに収束していった歴史を明らかにしていく。
　この自立的家族は、結婚により形成され、自律的に計画的に子どもをつくり養育するようになった。しかし、この結婚による自立的家族の形成が、若者たちの非正規雇用化や低賃金化により困難になってきたことが、今日、合計出生率を落ち込ませていることを最後に明らかにする。

2．近代社会における多産家族出現の要因に関する研究史

　以上の問題意識によって、農民家族および労働者家族が子どもの出生人数を決めてきたのは、あるいは決められないできたのは、何によってであったのか、を追究する。
　このときに、まず直面するのが近世後半期から近代にかけての合計出生率の異常ともいえる増加である。
　近世後半期や現在と比べて、近代社会において多子家族が多くなったことについては、多子化の原因をめぐり、さまざまな議論がなされている。

日本の近代化が、何故、合計出生率の上昇を招いたのかは、近代史の大きなミステリーなのである。以下にその議論をみてみよう。

1　多産家族出現の要因に関するさまざまな論

A.「多産多死」という論である。昔は乳幼児が多く死亡したので、将来の家族を維持できるようスペアを確保するため多く出産したという論である。しかし、現実に多死であったときに多産であったのかについての実証的な検討はなく、漠然と、多死なのだから多産になったのであろうという程度の論である。

　現実には、近世後半期は多死だったが少産であり、伝染病などが克服されて近世より多死でなくなる明治期・大正期の方が多産家族は増えている。多死だから多産だという関係は、少なくとも日本近代史については、みられない。多死だから多産だという議論は疑問である。

B.　女性史、ジェンダー史から提出され、現在最も大きな影響力を持つ論に堕胎罪体制論がある。

　堕胎罪体制論とは、国民皆兵を採用し富国強兵と殖産興業をめざす明治政府が、徴兵できる兵士人数を増やすために人口増加策をとり、明治元年12月（以後明治5年11月の太陽暦採用まではすべて旧暦）には産婆が行う堕胎を禁止し、1880（明治13）年には本人可罰の堕胎罪を制定して、近世後半期には盛んに行われていた堕胎を女性本人も処罰の対象にして全国的に厳しく取り締まったことにより堕胎が抑制されたという論である。

　避妊方法をも抑圧し[11]女性たちに「産むことを強要」したため多産となったとするのである。

　戦後は旧植民地からの引き揚げや出征兵士の帰還によるベビーブーム等の国内人口急増に対し国家はそれまでの人口増加策を逆転させて人口抑制策に転換し、人工妊娠中絶を容認する優生保護法を公布して女性たちに「産まない」ことを強要する優生保護法体制をしいたとする論[12]である。

　藤目ゆきの命名によるこの「堕胎罪体制論」は、女性史、ジェンダー史の分野ではほぼ通説化しているといってよい。これに対する批判は後述する。

C. 明治期には、教育勅語などにより庶民階層にまで家の維持・繁栄のための生活規律が教化されていくが、それにより家の維持・繁栄のための生活規律の内面化が庶民女性たちにまでひろがり、庶民女性たちは家を繁栄させるために多くの子を産んだという論である[13]。しかし、家繁栄論では、貧しい層で多産が増えたことを説明できない。

D. ジェンダー史の荻野美穂による明治期の将来社会展望論である。荻野は堕胎罪体制論も認めつつ、それ以外の理由として明治維新以降は身分制もなくなり、多くの人に社会的上昇の可能性が開けて新しい社会への将来的展望が出てきたこと[14]に多産家族の増加原因があると考える。そして、戦後に国家は従来の人口増加策から人口抑制策に反転するが、そのときはGHQの方針が大きく影響したことを強調している。しかし、将来社会展望論では、将来展望のある都市および都市近郊でこそ合計出生率が上昇するはずだが、最も発展が遅れ、展望のない東北農村で著しい多産が行われたことを説明できない。

E. 合計出生率の上昇や人口増加は幕末1860年ころから始まることを数値的に明らかにし、生産力、経済力の増大にその原因を求める経済史分野、歴史人口学分野[15]を中心とする見方もある。しかしこの論も、Cの家繁栄論、Dの将来社会展望論と同様、東北農村で著しい多産が行われたことを説明できない。

２ 堕胎罪体制論批判

　筆者は、「堕胎罪体制論」の国家が人口増加政策により女性に産むことを強要したとする見方に納得できなかった。
　刑法で堕胎罪が規定されただけで、社会的な状況とかかわりなく家族が子の出産を選ぶ、さらには多産家族を選ぶとはとても思えなかったのである。そのうえ明治政府はすでに1880年代から、ハワイや北米を中心に各種産業に従事する移民が行われたことを制限しようともせず、移民による人口減少などは問題にもしていない。その後も、近代社会を通じて日本国家は人口過剰こそを問題視してアジアへの植民化も進めるのであり、国策が人口増加策をとったという議論は成り立たない。

そこで筆者は、「日本の堕胎罪の成立」を書き、日本の堕胎罪は堕胎そのものに対する道徳的非難は弱く、キリスト教国の本人堕胎罪2～5年の禁固に対し6月の禁固という軽罪であり[16]、逮捕される者も密通など不倫関係を背景にした者たちで[17]、実際の家族が堕胎して産まないことに対しては全くといっていいほど抑止力にはなっていないことを明らかにした。

また筆者は、堕胎禁止のための命令とされた明治元年の産婆の堕胎・売薬取扱い禁止令[18]は、西洋医学採用を決めた明治政府が、公衆衛生の立場から、堕胎施術は医師が扱い、売薬は薬業職が扱い、出産は産婆が扱うこと、母子生命リスクのある出産の場への専門的介助者としての産婆を医療的職業の一翼に位置づけるものであったことを明らかにした[19]。

さらに、1922（大正11）年アメリカの産児調節運動家マーガレット・サンガー来日時の内務省などによる入国拒否騒動は、避妊の具体的方法の公然とした解説が男女生殖器の図解などをともなうため官憲から「猥褻」とみられた結果であったことを明らかにした[20]。

堕胎罪体制論は、少なくとも明治期には徴兵のための国家的人口増加策はなかったという事実、堕胎罪は一般的な夫婦間の子の堕胎・妊娠中絶に適用されていなかったという事実、および全国一律の刑罰規定でありながら合計出生率の著しい地域的差異が生じたことを説明できない。

その他の家維持・繁栄教化論などについては各章で論じるが、それぞれ主張される要因は近代の人口増加に無関係とまでいえなくともその影響はみな小さなものであり、全国を一律に論じており、近代の多産家族を説明する理由[21]としては正しいものではないと考える。

3．本書の方法

① 農民家族と労働者家族を追う

本書は近代社会において出生養育がどのように位置づけられているのか、そのように位置づけた近代の社会、家族とはいかなるものだったかを考察する。

近代社会においては、労働力の供給など直接的に社会に大きな影響を及ぼすのは、社会の圧倒的多数を占める農民家族と、賃金で生活するいわゆる新中間層家族も含む労働者家族の出生養育である。

近代社会が確立されていくなかで都市部に新しく形成されてくる新中間層家族・労働者家族や都市近郊農村部の農民家族は、それぞれの地域における社会的経済的変動と家族をとりまく生活環境と、自立した家族・夫婦の意思とによって少産となっていくことを示す。

さらに戦後には農地解放により独立経営農民家族が一般化するなかで、この自立的農民家族にも出生児数抑制の意思が働いて、現代に至ることを示す[22]。

1930年代の岡山県における農村の既婚女性の出産コントロールの様相を具体的に明らかにした歴史学の大門正克は、今後は出産コントロールを女性だけでなく農民家族の将来の労働力問題として考えなければならないと指摘している[23]が、本書はこの課題にも応答するべく、社会の圧倒的多数を占める農民家族と労働者家族の出生、避妊、堕胎、人工妊娠中絶、養育、教育がどのように展開してきたかを追う方法をとる。

そのことによって、近代社会で大多数を占めた農民家族と労働者家族にとって、出生養育からみた近代社会とはいかなるものであったかが明らかになるだろう。

2 合計出生率構造からみる3類型

農民家族や労働者家族に着目しながら明治期に多子家族が増えていく要因を考察するために、巻末190～193頁掲載の府県別合計出生率の変動表[24]に基づいて全国を3つの類型に分けてみる。

A都市型、B都市近郊農村型、C東北農村型である。

A都市型は、東京府や大阪府、京都府など近代社会では人口の流出入が激しい大都市を含む地域の型である。3府の1925（大正14）年の合計出生率は東京府4.09、大阪府3.53、京都府4.08で平均3.90人である。1925年当時、大阪府は全国合計出生率5.10より1.57人も低く、東京府も京都府も1人程度低い。

すなわち、明治・大正期は全国平均を下回る4人前後の合計出生率だが、大阪府に顕著なように1925年以降には4人台を切るところも出現し、1930（昭和5）年は東京府3.51人、大阪府は3.21、京都府は3.59人と昭和に入ると少産化傾向が強まる。そこで、3府のみならず、都市を含む地域で、そもそも合計出生率が3～4人程度と低く、昭和期に入るころから少産があらわれてくる型を都市型と呼ぶ。

　B都市近郊農村型は、農業先進地域の関東の千葉県、中部の岐阜県や愛知県、近畿の滋賀県や兵庫県、瀬戸内の岡山県などに顕著なように、農村部の近郊に、東京、大阪、京都、名古屋、神戸などの大都市や岡山など県庁所在の中小都市などを持つ地域に顕著なように、1家族が5～6人程度の子を産む型である。

　1925年の合計出生率は千葉県5.52、岐阜県5.75、愛知県4.99、滋賀県5.06、兵庫県4.32人、岡山県4.50である。都市部の近郊にあって農業自体も商業的多角的経営であるが、家業を継ぐ者以外の家に余った子は、近隣に勃興する製糸工場への出稼ぎや新しい産業の展開する都市部に出て職業に就く者が多く、都市部の人口供給源ともいえる地域である。

　これらの地域は1930年には、千葉県5.05、岐阜県5.47、愛知県4.60、滋賀県4.76、兵庫県3.94、岡山県4.23と、都市部と同様に1925年以降は合計出生率がやや低下していく。この型を都市近郊農村型と呼ぶ。

　C東北農村型は、かつて陸奥国といわれた東北4県、すなわち明治以降の青森県、岩手県、宮城県、福島県に典型的に示され、全国各地にひろがる多くの純農山村にあらわれる型である。都市部から遠くに位置し、生産活動においても人口移動においても都市近郊農村部に比して閉鎖的という特徴を持つ。

　1925年の合計出生率は青森県6.48、岩手県6.01、宮城県6.23、福島県5.71と福島県以外は6人を超え、全国平均も都市近郊農村型をも大きく上回っている。1930年はそれぞれ順に青森県6.32、岩手県5.90　宮城県5.88、福島県5.64と若干の低下はあるとはいえ、6～7人の子の出生を続けており、昭和戦前期は高い出生率が続く型を、典型的に東北農村にあらわれるという意味をこめて東北農村型と呼ぶ。

3 各型の近世後半期の合計出生率

　この3類型について、近代に先立つ近世後半期をみると、A都市型の出生児数は少なく、少子家族である。B都市近郊農村型の出生児数は、中部地域が平均6.44人、近畿地域は6.07人[25]だった。近世後半期のこの型においては5～7人の子がいる家族が普通で、家を継ぐ者以外の子は近隣の江戸、京都、大坂、名古屋といった大都市や近隣の機業地や在郷村に奉公に出され、そのほとんどは都市部において家族を形成することなく単身で死亡していった。

　1830年代の天保の改革時、農村から都市部に出てきた人々を農村に返すべく「人返し令」が出されたように、近世後半期の千葉や北関東の農村部の人口が大都市江戸に流入し、農村部は村落人口を維持できず荒廃していたことはよく知られている[26]。反対に都市を背景に豊かになることもあり、都市への人口供給源ともなるところである。

　C東北農村型をみると、東東北の陸奥地方の合計出生率は3.07人[27]と、都市近郊の先進農業地域に比べ3人も少ない。東北地域以外でいえば、たとえば下野国五科村は近世後半期の1727～1816年には3.55と低く[28]、同じく信濃国諏訪郡横内村は近世後半期1671～1871年は4.42[29]と低い。

　歴史人口学に連なる社会学の落合恵美子は、近世後半期の東北地方の合計出生率の低さの理由を、堕胎・間引きなどの他に、二・三男の結婚制限など村落規制や、出稼ぎ・奉公などによる夫婦別居期間の長さ、実子以外にも「子ども」の役割を果たさせる養子制などさまざまな方法に求めている[30]。近世後半期の東北地域などの低い合計出生率は、村落規制＝村の定めによる下層農民層への結婚制限や出生抑制によるものであったのである。

4 3類型における近世後半期から明治期にかけての合計出生率変動の特徴

　近代の家族の合計出生率構造の3類型を、近世後半期の家族の合計出生率構造の3類型の特徴と比較すると、A都市型家族はあまり変動はなく3～4人程度の低い出生率が続く。B都市近郊農村型の農民家族の出生児数は、近世後半期の5～6人から1925（大正14）年の5～6人程度とこれもまたあま

り変動はない。

　最も注目されるのはＣ東北農村型の場合である。東北農村型農村部の農民家族の場合は、出生児数は近世後半期3.07人程度の少産家族から、明治期には都市近郊農村型をも超えて6〜7人の多産家族へと逆転現象を起こしているのである。

　近世後半期の東北農村部においても、村内のごく少数の上層富裕農民家族層は5〜6人程度産んでいたから、幕末の1840年以降に多産家族になっていったのは、1840年以前には3.07人以下しか産まなかった村内の多数を占める中・下層農民家族層である。

　東国と呼ばれる地域は幕末1840年ころから合計出生率が上昇を始め[31]、人口動態調査初年の1899（明治32）年の全国合計出生率推計値4.66のときに、青森県推計値5.62、岩手県推計値5.09、宮城県推計値5.47、福島県推計値5.11と、すべての県が5人以上となって全国平均を上回り、1925年には福島県以外は6人台となっており、東北農村型は明治期から大正期にかけて合計出生率が上昇していることがわかる。

　農民家族や労働者家族の出生養育を3類型に分けてみると、堕胎罪体制論や家繁栄論は地域性を考慮せず全国を一律にみるもので、成り立たたないことがますます明らかになる。統一国家のもとでの堕胎罪適応や家維持・繁栄教化論なら、各都道府県の合計出生率は等しくなるはずだからである。

　同時に生産力増大論や新社会展望論でも説明がつかない。生産力の増大が、あるいはより豊かな生活への展望が出生児数を増加させるのであれば、より豊かな地域で出生児数が増え、あるいはより豊かな生活が展望される地域で出生児数は増大するはずだからである。

　だが、実際にはそうではなく反対なのである。近代社会において生産力の著しい増大がみられた近畿・中部・中国地方などの先進地帯に比べ、明治に入ってから地主・小作制度が確立拡大して貧窮小作農民家族が増加する東北農村地域の方が合計出生率は上昇していき、先進地帯のそれを上回るのである[32]。

　全国の地域はこの3つの類型のみに分類できるものではないが、この3類型を典型として、社会の変動をとらえることにより、出生養育の変動をもたらした大きな要因を示すことができるのではないかと考える。

4．本書の構成

　序章においては、本書の課題、研究史、方法、構成を示す。

　第1章「近世後半期～明治前期　都市型、都市近郊農村型、東北農村型の出生養育」においては、近世後半期の、都市型、都市近郊農村型、東北農村型のそれぞれの出生養育と、明治期にかけて大きく変動する東北農村型農村部の出生養育を考察する。

　第2章「明治中・後期の3類型の出生養育」においては、明治期には都市部の労働者は家族形成が困難だったこと、東北農村型農村部の小作農民など下層農民家族では合計出生率が高くなっており、地主制度は小作農民の出産抑制や生活保障として機能しなかったことを明らかにする。

　第3章「明治期の人口に関する国家政策」においては、従来、生殖に対する管理政策とみられていた明治前期の産婆制度、死産調査、乳児死亡調査などの国家政策は、国民の健康増進、公衆衛生に対する関心から発するものであることを示し、明治政府は人口増加策をとっていなかったことを明らかにする。

　第4章「労働者家族・新中間層家族の形成と計画的出生への志向」においては、資本主義経済が本格的に展開し始める1910年代以降の都市部における労働者家族、新中間層家族の形成と、それらの家族が、性の科学の隠蔽という社会風潮のなかで、計画的出生・産児調節を選択していく歴史を描く。

　第5章「出生率の差が生み出した地域により異なる農民家族のあり方」は、近代社会において多数を占める家族でありながら計画的出生志向・産児調節には無縁と思われがちな農民家族に注目し、1920年代に農業先進地帯の都市近郊農村型農村部において行われた小作農民家族の独立経営運動のなかの計画的出生への志向と、その定着を明らかにする。

　また、同時期、東北農村型農村部においては、多産による人口圧力により小作農家が増加したため、小作農民家族は地主への従属性を深め、自立経営が困難で、多産が続いていたことを示す。

　第6章「戦争期の国家政策と3類型の合計出生率の動向」においては、1940年から1945年まで国家政策として出産奨励策はあったが、全般的にそ

の効果はなく、男性の根こそぎ動員により農村部においては実際には合計出生率はかなり大きく低下していることを明らかにする。

　第7章「計画的出生養育の一般化」においては、3類型の家族のうち都市型家族は1952（昭和27）年ころ、都市近郊農村型農民家族は1955年ころ、東北農村型農民家族は1960年代に各家族が自立的に計画して2人程度の子を出生養育することが一般化していった歴史的流れを明らかにする。

　第8章「家族形成の新たな困難」においては、1960年代に将来設計をして子どもをつくる家族による安定的な出生養育が確立されたが、1980年代以降の新自由主義経済のもと、若年男女の非正規雇用化や低賃金化により、家族の形成そのものが困難になっていることを示し、このために合計出生率が低下し、人口減少が進行し続ける状況を明らかにする。

　「終章　まとめ」においては、全体のまとめを行う。

（1）鬼頭宏『人口から読む日本の歴史』講談社学術文庫、2000年、16～17頁、表1。
（2）日本統計協会編・発行『日本長期統計総覧第1巻』1987年、人口の部、48頁。
（3）前掲鬼頭宏『人口から読む日本の歴史』177頁。
（4）人口問題協議会編『人口事典』東洋経済新報社、1986年、226頁。
（5）合計特殊出生率は、本来は人口変動に使用される指標で、これが2.07を切ると将来人口が減少していくことを示すものであるが、同時に1人の女性が生涯の間に産む子ども数の平均値の近似値としても使われる。なお、人口置換率水準は、国立社会保障・人口問題研究所で算出し、2012年度は2.07。
（6）速水融『歴史人口学の世界』岩波書店、1997年、31頁。合計出生率と記すとされている。
（7）長島淳子『幕藩制社会のジェンダー構造』校倉書房、2006年、366頁。ただし、村内の少数の富裕農民家族が5～6人産む場合もある。また、全体からみれば少数の都市近郊農村部では5～7人産む農民家族もいる。
（8）東洋経済新報社編・発行『国勢調査集大成』1985年。
（9）本書の全国合計出生率は、厚生労働省大臣官房統計情報部編『平成26年　我が国の人口動態』一般財団法人厚生労働統計協会、2014年による。
（10）落合恵美子『新版　21世紀家族へ』有斐閣選書、1997年、101頁。「家族の戦後体制」はみんなが適齢期に結婚し子どもが2～3人いる家族をつくる再生産平等主義の時期。

(11) とくに避妊の抑圧を主張するのは典型的には太田典礼『日本産児調節百年史』出版科学総合研究所、1976年。太田は1900年生まれの産婦人科医であり、1930年代左翼の産児調節運動家でもある。左翼運動家を支援し自らが治安維持法で逮捕された経験から、権力による産児調節運動への弾圧の図式を描いた。産児調節運動について代表的なものをあげておく。松尾尊兊「山本宣治と性教育」(『中央公論』第80巻第6号、1965年6月号)、船橋邦子「訳者あとがき」(加藤シヅエ著・船橋邦子訳『ふたつの文化のはざまから』青山館、1985年)、藤目ゆき「ある産婆の軌跡――柴原浦子と産児調節」(『日本史研究』366号、1993年)、佐々木敏二「『性と社会』解説・総目次・索引」不二出版、1983年、ヘレン・ホッパー著・加藤タキ訳『加藤シヅエ 百年を生きる』ネスコ、1997年。
(12) 藤目ゆきが『性の歴史学――堕胎罪体制から優生保護法体制へ』不二出版、1997年で命名した。
　堕胎罪を人口増加政策とする見方は、森長英三郎「堕胎罪史考(二)」(『法曹公論』445号、1937年)52～53頁、太田典礼『堕胎禁止と優生保護法』人間の科学社、1967年、27頁。女性史関係では、小和田美智子「産児制限から多産奨励へ」(『静岡県近代史研究』14号、1988年)、荻野美穂「人工妊娠中絶と女性の自己決定権」(原ひろ子・舘かおる編『母性から次世代育成力へ』新曜社、1991年)112頁、折井美耶子「解説」(折井美耶子編集/解説『資料・性と愛をめぐる論争』ドメス出版、1991年)284頁、平井和子「自立をめざした女たち――産婆たちを中心に」(『静岡県近代史研究』18号、1992年)、金津日出美「近代日本における『堕胎ノ罪』の成立」(『女性史学』6号、1996年)、荻野美穂『「家族計画」への道』岩波書店、2008年、木村尚子『出産と生殖をめぐる攻防――産婆・助産婦』大月書店、2013年など多数。
(13) 石崎昇子「明治維新と生殖倫理」(黒田弘子・長野ひろ子編『ジェンダー・エスニシティからみる日本の歴史』吉川弘文館、2002年)。生活規律の内面化については安丸良夫『日本の近代化と民衆思想』青木書店、1974年。
(14) 前掲荻野美穂『「家族計画」への道』7頁は、明治の「子だくさん家族」は、多くの人にそれまでよりもより社会的上昇の可能性が開けたことや、産業構造の変化、都市への移動などにともなって、明治以前よりも結婚可能な人口が増加したこと、文明開化を目のあたりにした人々の将来の展望に対する感じ方の変化など多様な要因が複合的に作用したとしている。
　経済学の高木正朗は、「新しい時代への確かな予感と期待」としている(『18・19世紀の人口変動と地域・村・家族』古今書院、2008年、27頁)。
(15) 斎藤修「人口変動における西と東」(尾高煌之助編『幕末・明治の日本経済』日本経済新聞社、1988年)32～34頁、等々。
(16) 石崎昇子「日本の堕胎罪の成立」(『歴史評論』571号、1997年11月号)。

(17) 岡本梁松「本邦における堕胎に関する統計的調査の一斑」(『京都医学雑誌』17 巻 6 号、26 巻 8・9・10 号、1920〜29 年)。

(18) 「近来産婆之者売薬の世話又は堕胎の取り扱い等いたし候者有之由　相聞へ以の外の事に候　(中略) 万一右様の所業於有之は御取の上屹度御咎可有之候」内閣記録局編『法規分類大全衛生門』内閣記録局、1889〜91 年。

(19) 石崎昇子「明治期の生殖をめぐる国家政策」(『歴史評論』600 号、2000 年 4 月号)。この論文ののち、大林道子「明治元年の産婆取締まりの意図 (前篇)」(『助産雑誌』第 63 巻第 3 号、2009 年)、大林道子「明治元年の産婆取締まりの意図 (後篇)」(『助産雑誌』第 63 巻第 4 号、2009 年) などでこの事実は実証された。

(20) 石崎昇子「近代日本の産児調節と国家政策」(『総合女性史研究』15 号、1998 年)。

(21) 沢山美果子「『産み育てること』の近代」(明治維新史学会編『講座明治維新 9 明治維新と女性』有志舎、2015 年) は、堕胎禁止も、家維持繁栄論も近世からあるもので近代に特有のものではないと批判している。

(22) 早川紀代「戦後女性史研究の動向と課題」(「年報日本現代史」編集委員会編『年報日本現代史第 18 号　戦後地域女性史再考』現代史料出版、2013 年) 188 頁や、小野沢あかね「戦間期の家族と女性」(『岩波講座　日本歴史第 17 巻　近現代 3』岩波書店、2014 年) は、家族史論はほとんど都市中間層の家族であるとし、農村および漁村の家族などを対象にした家族史の必要性を指摘している。

本書はこれに応えようとするものでもある。田間泰子『「近代家族」とボディ・ポリティクス』世界思想社、2006 年は、戦後の国鉄などの労働者家族の家族計画運動を扱っている。

(23) 大門正克「1930 年代における農村婦人の労働と出産」(『横浜国立大学経済学会エコノミア』第 56 巻第 1 号、2005 年 5 月)。

(24) 国立社会保障・人口問題研究所には、戦前の各府県別の合計出生率の調査資料は 1925 (大正 14) 年と 1930 (昭和 5) 年しかない。そこで、1899 (明治 32) 年以降の『帝国統計年鑑』に掲載された普通出生率 (人口 1000 人比の出生児数) を換算して、各府県の合計出生率を推計した。

『帝国統計年鑑』は内務省統計局編纂、1882 (明治 15) 年より発行、現在は東洋書林より復刻されている。

換算の方法は、1925 年の全国普通出生率 35.9 を全国合計出生率 5.10 で割って比較値 6.84 を得、次に 1930 年の全国普通出生率 32.4 を全国合計出生率 4.71 で割って比較値 6.88 を得、両者の平均値 6.86 で、1899 年から 1949 年までの全国合計出生率を推計した 。

この作業を府県別に行った。たとえば岩手県は 1925 年の普通出生率 41.4 を合計出生率 6.01 で割った比較値 6.84 と、1930 年普通出生率 39.4 を合計出生率 5.90 で割った

比較値6.68の平均値6.76を得、岩手県の合計出生率の推計値とした。以上の方法で1949年までの各府県の推計値を出し、一覧表にし巻末に掲載した。

　注意すべき点として、国勢調査が行われるまでの人口動態調査の各府県の普通出生率には出生届出洩れが含まれていないことである。その人数を推定し修正した出生児数を出す試みが1930年に内閣統計局によりなされているが、全体に対する割合は極めて低く、普通出生率を大きく動かすものではないのでこれは無視した。

　また、普通出生率の算出の基礎になる人口は、1872年に作成された壬申戸籍をもとに、この戸籍にこの後の出生・死亡などを記載し、それに基づいて机上で算出されたものである。したがって、都市近郊農村部のように、都市部への流出などで当該地に現住していないが戸籍上記載されている人口が多い地域においては、戸籍記載人口は多くなり、普通出生率は現住人口使用のときよりも低く出てくる。それをもとに推計した合計出生率近似値も低くなる。

　このように普通出生率には誤差があり、そこから推計する合計出生率の推計値にも当然誤差がある。しかし、誤差はありながらも同じ府県の年度別推計値を比較して増減の「傾向」を読み取ることや、同じ方法で推計した府県別の数値同士を比較し多少の傾向を読み取ることに使用するための「概数」として用いることは可能であろう。本書では推計した合計出生率を数値化したものを資料として適宜利用する。

(25) 鬼頭宏「人口史における近世」(速水融・友部謙一・鬼頭宏編『歴史人口学のフロンティア』東洋経済新報社、2001年) 59頁の表2-4「江戸時代中後期農村の地域別出生率」を基礎にした。表によれば近世後半期の濃尾地域の出生児数は5.85人、近畿は5.52人、陸奥2.79人である。これは乳児死亡率を含むものではない。

　明治に入ると内閣衛生局が、1880年から乳児死亡率の算定を始め、出産数の曖昧な県を除いた3府27県の出生児数1000に対する乳児死亡率は、1882年度90.7パーミル、1883年97.8パーミルと算定した。また、鬼頭宏は「徳川農村の乳児死亡率は高いとはいえ、出産1000に就き、200は超えない」(同前、56頁)としている。

　本書では、明治10年代に判明する数値は、衛生政策が展開される前の数値なので近世後半期にも適用できる数値とし、近世後半期の全国平均乳児死亡率を100パーミルと想定し、出生児数に1.10を掛けた数値を、乳児死亡も含む出生児数とする。すなわち、近世後半期の濃尾の5.85人は6.44人とし、陸奥地域は3.07人とする。

(26) 前掲石崎昇子「明治維新と生殖倫理」において、明治初年の千葉県で、県令が村の人口増をめざし堕胎を禁止し、赤子養育のための施策を熱心に行ったことを示した。それは、この地が人口を東京に吸収され、荒廃していたことを示すのであろう。他に菅野則子『村と改革』三省堂、1992年。

(27) 前掲鬼頭宏「人口史における近世」59頁の表2-4。陸奥の2.79に1.10を掛けた。

(28) 鬼頭宏「前近代日本の出生力」(『上智経済論集』36巻2号、1991年) 84頁。こ

こでの人数は乳児死亡を含まないので、乳児死亡率100パーミルで換算した。
（29）同前。同じく乳児死亡率100パーミルで換算。
（30）落合恵美子「失われた家族を求めて——徳川社会の歴史人口学」（河合隼雄・大庭みな子編『現代日本文化論2　家族と性』岩波書店、1997年）53～54頁、落合恵美子・黒須里美「人口学的制約と養子」（速水融編『近代移行期の家族と歴史』ミネルヴァ書房、2002年）128頁。
（31）この実証は第1章において行う。
（32）厚生省人口問題研究所監修『1988　人口の動向　人口統計資料集』厚生統計協会、1989年の表13「都道府県別、合計特殊出生率1925～87年」および巻末資料を参照。

第1章

近世後半期〜明治前期
都市型、都市近郊農村型、東北農村型の出生養育

第1節　都市型、都市近郊農村型の出生養育

1. 合計出生率の低い都市型の出生養育

　近世後半期から近代にかけての都市の合計出生率が低いことの通説的理由は、「低い有配偶率、短い有配偶期間、有配偶出生率の低さ」[1]である。

〈低い有配偶率〉
　近世後半期、三都といわれた江戸、大坂、京都には、近隣から奉公に出てくる男女が多かったが、その奉公人は基本的に住み込み奉公で、家族を形成できなかった。
　奉公人のライフコースをみると、11〜12歳で入店して、店に住み込んで働き、30歳を過ぎて手代となり、認められれば30代半ばから40歳前後で「通い」となって別宅して所帯を持ちながらお店に勤めることもあったが[2]、通いとなる奉公人男女は少なかった。住み込みの奉公人である限り、年齢が高くなっていても男女ともに結婚することも子を持つこともできなかった。当然、都市部の有配偶率は低くなる。
　史料が残っている人口3000人程度の在郷都市武蔵野国秩父大宮郷の場合をみてみると、1771〜75年においては16歳以上の有配偶率は男41％、女58％[3]にすぎなかった。この低い有配偶率の数字は、在郷都市大宮郷の特殊性ではなく、都市部一般の状況である。

〈短い有配偶期間と低い有配偶出生率〉

　人口密集地の都市は伝染病などの蔓延や不衛生な環境により死亡率が高いことを考えれば、結婚持続期間は農村部より短くなる。そして都市では結婚した夫婦の間の出生率も農村部より低い。大宮郷の場合、妻21～45歳の結婚期間中の出生率は3.41人である[4]。

　その原因は、男女ともに結婚年齢が遅いこと、結婚しても相手が死亡する率が高いなど不安定な家族生活のためである。

　また、都市に住む奉公人や職人などの男女の場合は、相続すべき生産財もなく、農家や商家のように家産を持ち家産に基づく家業がある存在ではないため、子孫を確保して家を維持していかなければならないという意識もあまりなかった。

　それでも都市の人口が維持されたのは、都市には周辺農村から人口が流入してくるからであった。そしてその流入してきた人々もほとんどが単身であり死亡する者も多かった。都市は人口を食い尽くす「蟻地獄」[5]だったのである。

　明治に入った1880（明治13）年から乳児死亡率[6]が調査されるようになったが、1883年の乳児1000人に対する死亡率は、調査が曖昧とされる県を除いた3府27県の平均が90.7パーミルのとき、東京府が最高で190パーミル[7]であった。都市部では5人に1人の乳児が死亡していたことになる。ちなみに乳児の死亡は男児の方が多い。都市部においては乳児も幼児も、大人も死亡率は高かった。

　要するに人口が流動的な都市部では出生養育に関して安定的な家族は少なく、家族を形成できない奉公人男女が多かったのである。

　近世の都市はまた武士層の住む城下町であるが、徳島藩における研究によると、17世紀には武士の家族の平均的な子の数は6人から4人に低下する。18世紀以降は4人レベルで安定するが、これは武士の困窮化によって生じたものではない。新規召出の減少により、男子の跡継ぎを確保し、かつ無職の男子を多く出さないためには4人が適当だとされたためである[8]。城下町の武士層ではほぼ4人程度の子を産み、養育していたといえる。

　明治前期も、都市部においては、農村部に比べて合計出生率が低い状態が続いた。人口動態調査が始まる1899年の東京府3.51、大阪府3.75、京都府

4.08 で、3府の平均合計出生率は 3.78 人[9]と、武士階層の 4 人とほぼ同数であった。

2. 合計出生率の高い都市近郊農村型農村部の出生養育

　中部地域や近畿地域に主にみられる都市近郊農村型農村部の出生養育の特徴は、家の自立性が相対的に強くなっているため村落への依存度が弱く、農家家族の自主的判断で、各家の将来設計に基づき、6 人、7 人、8 人と子を出生していたことである。

　跡取り以外の家に余った子は近隣の都市部や機業地に奉公や賃稼ぎなどに出し、口減らしをした。それにより各家を存続させながら、村に過剰な労働力をなくし、村落全体の戸数と人口を安定させることが可能だったのである。

　もっとも各家の将来設計といっても、とくに計画的に出生児数を制限したわけではなくても、生まれた過剰な子どもは都市に放出すればよいということで、余分に産んでも大丈夫ということが共通意識だったのである。

　都市近郊農村では、農民男女が村を出て都市へ流入することを制限できないため、村の維持に必要な人口を超えて都市部に流入する者が多くなった場合は、村落の人口が減り農村が荒廃することもあった。近世後半期、江戸近辺の千葉地域や北関東地域に荒廃した村が多かったのはそのためである。

　奉公に出た子は何らかの事情により帰村する場合もあったが、都市部にあって家族を形成することなく単身で死亡する者がほとんどで、たとえ都市部で家族を形成できたとしてもそれは不安定なものであった。

　今、中部地方の美濃国大垣藩預地の安八郡西条村（現岐阜県）には 1773 年から 1869（明治 2）年まで 97 年間の「宗門改帳」が残存し、それを調査した歴史人口学の速水融が著書『近世濃尾地方の人口・経済・社会』[10]に詳細な報告を残している。その報告を史料として利用し、都市近郊農村型の出生養育の具体像を描いてみよう。

　西条村は、城下町大垣から南東約 7 キロの濃尾平野の真中に位置し、木曽

川、長良川、揖斐川の下流の輪中地帯で洪水が運ぶ地味豊かな土に恵まれた石高704石余（1石は約150kg）の純農村である。村の戸数は、1773年現住93戸、人口366人、一人老人世帯が12戸あり、それが消滅した後戸数は80戸となった。疫病などの影響を受けて人口は減少する時期もあるが幕末には回復し、記録が残る最後の1869（明治2）年には戸数78戸、人口377人と村落としては戸数、人口ともにほぼ維持されている村である。

全期間を通じて出生児数は992人で死亡数は722人である[11]。他村との嫁入り・嫁取り・婿入り・婿取り等の移入や移出を考慮しても人口は増えるはずだが、1869年までに村人口は11人しか増えていない。残りの255人は他所に移動したことになる。

西条村において出産した女性の平均出生児数は、持ち高2石以上の家族は6.71人、2石以下の小作農民家族は5.83人である[12]。速水の階層の分け方は持ち高10石以上を地主層、5〜10石を自作農、2〜5石を自小作農とし、2石以下を小作農層とするもので[13]、地主・自作・自小作層94例、小作農層135戸[14]からの算出である。陸奥地方の平均出生児数3.07人と比べると、2石以下の小作農民家族でも2.76人ほど多く出生していることになる。幼児段階での子の死亡を考慮しても、家に子どもが余る。そして、余った子は都市部や近隣の機業地などに出稼ぎや奉公に出すのである。

女子の出稼ぎ奉公は、小作農民層に多いが、地主層とされる上層農家でも行儀見習い的な奉公も含めて奉公に出る女子[15]はいる。事例として1780年に生まれ奉公に出たが帰村して村で嫁いだ「すみ」の例をあげておこう。

「すみ」は14歳で名古屋に奉公に出ていたが、西条村で嫁いだ姉が死亡したのでその家の後妻になるため8年の奉公経験の後、村に帰ってきた。後妻に入った家は高持ちではなかったが、「すみ」は22歳から、「宗門改帳」の記録では7人の子を産んだ[16]。「宗門改帳」には1歳までに死亡した子は記録されないことが多いので実際にはこれ以上産んだのかもしれない。奉公経験なく19歳で最初の子を産んだ「すみ」の母親も7人の子を産んでいる。「すみ」の長男は28歳の娘と結婚し、その娘は5人の子を産んでいる。「すみ」とすみの親と「すみ」の子の世代と3代を追ってみると、村内での持ち高の差なく5人、6人、7人と[17]それぞれの家の判断で産み、家に余った

子は近隣の町場や機業地に奉公に出している。

　こうみてくると、都市近郊農村部にある西条村は村自体が独立して人口を再生産しているのではなく、むしろ町場や機業地と一体化して必要な労働力を生み出し、都市に対する労働力供給地となっている観がある。

　奉公に出た子は帰村しないで奉公先で死亡する場合が多いが、「すみ」のように場合によれば帰村する者もあり、村落の戸数と人口は全体として一定数が維持されている。ここには都市近郊農村型農村部の出生養育の特徴がよくあらわれている。

　明治前期も、都市近郊農村型においては、家業を継がない者、とくに女子が都市部に奉公に出る、賃稼ぎに出るという構造は続いている。出生についても、近世後期と同様に、多くの子を出産しても都市に放出すれば何とかなるという意識は変わることはなかった。

　したがって、明治前期に入っても、都市近郊農村型農村部の合計出生率は近世後期とほぼ同様であったのである。

第2節　東北農村型農村部の出生養育

1．近世後半期の東北農村型農村部の人口変動

　東北農村型に関しては、今、明治以降は宮城県に属する仙台藩郡方と岩手県に属する一関藩村方の、藩単位で農村部＝郡方・村方の人口の変動が判明する[18]。

　藩単位の郡方・村方の人口変動は農民家族が暮らす村落の合計出生率構造の基礎となるものなので、まず2つの藩の「郡方人口」「村方人口」の変動を追う。次に個別の村の人口変動史料として仙台藩・西磐井郡大籠村と一関藩・西磐井郡狐禅寺村の史料が残されそれが分析されているので2つの村落の戸数・人口の動向を追い、近世後半期から明治前期における東北農村型農村部の農民家族の出生児人数の変化の要因を考える。

1 仙台藩郡方と一関藩村方の人口変動

〈仙台藩郡方の人口変動〉

　1784～85年の天明飢饉以前の1781年、仙台藩郡方の人口は50万2124人だった[19]。それが飢饉により1789年には40万9632人にまで激減した。だが、翌1790年から人口は増加し始め、40年余り後の1832年には49万5501人と飢饉前人口にほぼ回復した。回復に約2世代40年の年月がかかったことになる。

　次に1838～39年に天保飢饉が起こり、人口は1839年には再び大激減して40万1813人となった。しかし、翌1840年から人口は増加し始め、8年後の1848年には45万4900人となり、15年後の幕末1855年には50万149人と、1781年の人口を回復した。

　しかも、それ以後も人口は増え続け人口が判明する最後の年の1867（慶応3）年には55万6983人となっている。

〈一関藩村方の人口変動〉

　天明飢饉以前の1782年の人口は2万2435人。飢饉時の1785年には1万9908人と2500人余り減少したが、翌86年から増加し始め、40年後の1825年には2万3032人[20]と飢饉以前をやや上回った。しかし、天保飢饉により1839年には人口は1万8955人にまで激減する。翌1840年から増加し始め、15年後の1855年には2万2751人[21]となり、その後も増え続けて、近世的システムの最後の年の1870（明治3）年の人口は2万4479人[22]となり、天明飢饉前の人口から約1500人増加している。

2 仙台藩大籠村と一関藩狐禅寺村の戸数および人口変動

〈仙台藩郡方　大籠村の場合〉

　大籠村においては1789年から1870（明治3）年までの戸数・人口がわかる。1789年戸数120戸で人口610人、以後、戸数は変わらないが人口は1833年734人へと増加している[23]。大籠村のある地域は天明飢饉の影響を受けて村内人口は減少しているので、1789年の人口戸数は飢饉による減少

後の数字である。したがって大籠村の適正人口戸数は610人・120戸より数割多い数であると思われ、1833年の734人という人口は、適正人口の前後であろうかと思われる。

大籠村は、村総面積2111町歩だがそのうち山林原野が96.6％を占め、田は14町、畑が57町歩、村高348石にすぎない山村で、1戸あたり1.5石と持ち高の少ない層が60〜70％を占め、生計は農業と林業、砂鉄精錬業によっていた[24]。近世後半期には村内の石高の増減はなく、奉公などで村外への流出も少ないところであった。

大籠村は1838年の天保飢饉によって120戸あった戸数は1847年には87戸となり、人口は1842年に456人にまで激減[25]した。消滅戸数33戸という多さは、天保の飢饉においては生産労働年齢にあった男女も死亡するか逃亡して家が消滅したことによるものと思われる。だが、翌1843年から人口は増加し始め、22年後の1865年には734人に回復し、近世システム最後の年1870（明治3）年には740人となって飢饉前の734人を若干超えている[26]。

だが、戸数は1870年でも97戸で、通常時の120戸から23戸も少なく、回復はない。

〈一関藩村方　狐禅寺村の場合〉

狐禅寺村では1775年から1889（明治22）年までの戸数と人口がわかる。初めて戸数や人口が判明する1775年、狐禅寺村戸数は160戸、人口779人（男422人、女357人）、村高は93.8貫である[27]。1793年も戸数は159戸でほとんど変わらず、人口は783人、1814年814人、1834年832人[28]と増加傾向にある。

村は北上川と磐井川との合流点に位置し、川船もそなえ鮭鱒漁を行い、北上船運を利用した米・物資集散地のひとつであった[29]。

1838年の天保飢饉では13戸が消滅して[30] 146戸になり、人口は1839年681人[31]と151人激減した。だが、翌1840年から人口は増加し始め、20年後の1862年には803人[32]となり、1870（明治3）年は人口822人[33]と飢饉以前をほぼ回復したが、戸数は145戸で、飢饉時よりもさらに1戸減っている。

戸数・人口回復のため、村落の外から百姓を入れるなどして元に戻そうと

することもあるが、天保飢饉は東国全体に影響を与えており、外から百姓を呼び込むことは不可能であった。

　天保飢饉後の大籠村や狐禅寺村の人口増加にしても仙台藩郡方や一関藩村方の人口増加にしても、人口の回復は死亡率の低下とともに出生率の上昇によると推測できるが、村落の合計出生率変動をみる前に、まず、東国、西国というマクロ地域の人口変動とその要因をみておく。

③ 東国地域の人口変動とその要因

　人口統計上「空白の四半世紀」と呼ばれる幕末1846年から1881（明治14）年の地域別人口増加率の推測を試みた経済学の斎藤修は、まず、「1721年から1846年までの地域別人口増加率は、東国はマイナス0.02％、西国は0.06％」[34]とする。

　すなわち、東北農村地域は18世紀後半から1846年までやや人口減少傾向にあり、西国は人口に大きな増減はなくほぼ一定していたということである。東国の人口減少には1785年の天明飢饉での人口減少が影響している。

　次に斎藤は幕末1846年から1881年の間の人口増加率推定を試み、「東国は0.67％増加、西国は0.47％増加に転じている。東国に関していえば、人口は減少から増加に転換し、その要因は出生率の上昇であり、人口増加への画期は幕末1860年」であること[35]を明らかにした。

　斎藤が明らかにした東国というマクロな領域の人口動向は、先にみた仙台藩郡方と一関藩村方の人口動向、そして仙台藩大籠村と一関藩狐禅寺村の人口動向とも完全に一致する。

　東国の1860年以降の人口増加の要因には、死亡率の低下も考えられるが、斎藤がいうように、「出生率の上昇」の影響が大きかった。これを念頭に置いて、次に大籠村と狐禅寺村という個別の村の合計出生率を追い、出生率上昇の要因を考察する。

2. 東北農村型農村部の合計出生率の変動

1 大籠村の場合

　天保飢饉以前、1人の女性が産んだ子の平均出生児数は、1790～1800年に結婚した女性は3.85人、1801～10年結婚女性は4.18人、1811～20年結婚女性は3.96人[36]と、農民家族の平常時の平均子ども数は3.96人だった。これは、上層農民家族も下層農民家族も含めた平均値である。

　これが天保飢饉最中の1831～40年に結婚した女性では平均合計出生率は2.97人と低下する。だが、飢饉が終わった1841～50年に結婚した女性の平均合計出生率は、一挙に5.39人[37]へと急上昇し、飢饉以前の平均をも大きく超えている[38]。

　飢饉後1841～50年結婚の女性の第一子出産の平均年齢は23.2歳、末子出産は36.1歳である。平均5.39人とは結婚しても産まない女性も含むので、子どものいる夫婦の平均子ども数は6～7人程度となり、飢饉を生き延びて妊娠可能な女性たちはできるたけ妊娠し、13年間に6～7人の子どもを出産する割合で、出産を重ねていることがわかる。

2 狐禅寺村の場合

　狐禅寺村は天保の飢饉時、戸数も減り、人口も激減して普通出生率も14パーミルまで下がった[39]。しかし飢饉が終わった1840年から普通出生率は垂直的に毎年急上昇し、1845年には24パーミルにまで上昇する[40]。

　普通出生率の上昇とは、生き延びた1人の女性が産む子の人数、すなわち合計出生率が上昇することでもある。狐禅寺村も大籠村と同様に、生き延びて妊娠能力のある女性は階層の上下を問わず、妊娠・出産している。その結果、村内の幼年人口の比率は21％から1856年には28.5％にまで増加している[41]。狐禅寺村も、将来の村内の労働力人口と戸数を出生により増やそうとしていることがわかる。

　2つの村をみると、双方とも村の戸数も人口も減ったときに、1人の女性

が産む子ども数＝合計出生率が上昇したことが判明する。飢饉の影響が残り生活も困難な時期に、農民家族の女性たちは子を多く産み、合計出生率は上がり村の乳幼児・若年層人口は増加するのである。これが成人すると戸を新しく立て、徴税負担の戸数の回復がめざされるのである。

飢饉を生き延びた家族は、自分の家族のことだけを考えれば食べさせなければならない子どもを産まないだろうと思うが、実際はそうではなく、家族の出生児数は増加するのである。

生き延びた家族に、何が、出生児数を増やさせるのだろうか。

3．合計出生率変動の要因——村落規制による出生児数コントロール

① 村落規制による出産奨励

大籠村や狐禅寺村にみられたような、飢饉や伝染病などさまざまな理由による村落の戸数や人口の激減に対して、生き延びた各農民家族が出生児数を増やし、村落の戸数や人口を回復しようとする力は、村落の意思すなわち村落規制によるものと考えられる。

仙台藩および一関藩においては、村内に家族全員が死亡したり、逃亡して誰もいなくなる「つぶれ百姓」が出れば、残された土地は原則として村落の責任で管理耕作を行い、領主への年貢納入は従来どおり村落単位で行わなければならなかった。そのために、村落では、つぶれ百姓への対応として、人数に余裕のある家が分家をして経営を行い経営体の家を再建しようとするのだが、同時に村落規制として結婚を急がせて戸を創出する、そして出産を奨励することも行われてきた。

1783年に東北地方を襲った天明の飢饉によって1789年に仙台藩下の人口が飢饉以前の1781年の50万余人から1789年40万余人に激減したとき、藩内の南長谷村では村役人と村民有志が金銭を出して村内の赤子に対し1794年から養育資金の貸付を行い、出生養育を奨励して村落の戸数と人口の回復をめざした[42]。これは村落の意思による徴税負担可能な戸数の回復をめざす村落再建の一環であった。

そして、この方法は村落内戸数や人口の減少した仙台藩郡方の他村にもひろがっていき、残っている村民全戸が資金を拠出する村もあった[43]。

村落全戸の年貢徴税に村が責任を負うという近世の税収集システムすなわち村請制度のもとでは、田畑の生産力にみあった安定的な戸数と人口が必要なため、戸数や人口激減時には出産奨励へと村落規制が働いて、戸数や人口を増やそうとするのである。

2 村落規制による出生抑制

村落規制は、村落の戸数や人口減少のときには出産奨励へと働いたが、通常は下層農民家族への出生抑制として働き、村の人口増加を防いでいた。耕地可能面積が限定されている近世後半期は、耕地可能面積に対応する戸数と人口の維持が必要だが、これを超えた戸数と人口増加はむしろ村落を不安定にするからである。

村落生活を安定させるために近世の村落には、労働日や休日の設定、冠婚葬祭などの儀式等、日常生活の細部に至るまで村落規制があり[44]、生殖に関しても二・三男に対する結婚制限や、子のいない家族には養子取りをさせるなどの規制があった[45]のである。これを2つの村について具体的にみよう。

〈大籠村の場合〉

大籠村では「宗門改帳」には女性が45歳になるまで結婚が持続した完全家族[46]は96ケースのサンプルがある。それによると平均子ども人数には家族の持ち高による差がある。800文以上の高持層4戸では平均5.50人と多く、100〜200文28戸平均3.63人、100文以下9戸では平均3.52人と少ない[47]。

下層農民家族に子が少ないのは家族の養育能力が影響しているわけで当然のことと考えられるが、ここには、近代の明治・大正期に顕在化してくる「貧乏人の子だくさん」状態[48]はみられない。仙台藩役人は、農民家族が子どもを制限する方法として「出生いなやその父母ただちに残骸」することがあると書いている[49]。村人がお互いの生活を常時みているような閉鎖的

村落において間引きが行われ、それを藩の役人も知っていることは、その間引きが村内で公認されたものであり、村の意思として行われていたことを示す。

　近隣に都市部を持たない山村の大籠村では、村落の戸数と人口を一定に保つために、村の決まりは、飢饉の回復期などの特別な時期を除いては、通常下層農民家族へは出生抑制を強いるものだった。

〈狐禅寺村の場合〉

　狐禅寺村の近世後半期の1820年ころの出生児数は、持ち高800文以上は6.82人、中層の500〜799文は4.18人、499文以下は2.97人である[50]。世帯数分布は上層800文以上21.4％、中層47.2％、残りが下層の割合である。通常では、出生児数は高持層が多く産み、下層農民家族は少ないことがよくわかる。

　こうした出生養育状況のなか、天保飢饉以前の1813年、狐禅寺村の15歳以下の幼年人口比率は約26％と4分の1以上を占めた。すると、それまで28パーミルあった普通出生率は垂直的に下がり始め、1825年には14パーミルへと半減した[51]。すなわち将来の村内の労働力人口が増えていくことが予測される時期になると、出生抑制が始まり1人の女性が産む出生児数は下がっている。その抑制力は下層農民家族に働いたことは、下層農民家族層ほど出生児数が少ないことからも判明するだろう。

　ここから、村の将来の労働力人口が村の収容能力を超えて増えそうなときには下層農民家族の出生は制限され、反対に将来の村の労働力人口が減りそうなときは、上層下層の区別なく全般に結婚が急がされたり出産が奨励されたりして幼年人口比率が増え、村落として見事にバランス[52]をとっている仕組みがみてとれる。

　このような村の掟、村落規制は、村の農民家族を強く縛っていた。そうでなければ、このように見事に村の人口は維持されなかっただろう。

　村の農民家族は何故、出生抑制などの村落規制を守ったのだろうか。

　近世後半期の陸奥地域の具体的村落規制をみると、入会地に入る場合「入会者は一人一カ月一回の草刈りとか、入会日の制限、用具の一定」[53]などと規制されている。

第1章　近世後半期～明治前期　都市型、都市近郊農村型、東北農村型の出生養育　　37

　村落規制、規律といっても文書が作成されているわけでもなく、藩の命令でもないので、違反する者が出て規制としての効果がないと思うかもしれない。しかし、村の規制を守ることは共同体から排除されないための義務である。田植えや刈り取り等短期間になさねばならない共同作業から排除されないための義務であり、馬牛飼育の餌となる秣（まぐさ）の採取、落ち葉など肥料採取、現金収入につながる炭や薪の原木の採取、家の建築材の採取などのために村の共有地＝入会地の利用をするための義務だった。
　下層農民家族にとってこれらの共同作業や共有地利用から排除されることは、生産と生活基盤すなわち生存の基盤を失うことである。ことに山林原野における生産活動の多い東北地域では、入会地からの排除は、下層農民家族層の生存そのものを不可能にするものだった。村の戸数や人口を適正なものにするため、出産をコントロールすることは、多数を占める下層農民家族にとって不文律の規制だったのである。
　序章において指摘した18世紀半ばから1840年までの陸奥国の平均出生児数3.07人とは、村内の生産力を一定に保つため、村内の戸数や人口を増やさず減らさずと規制した結果の出生率だったのである。
　村の人口を増やさず減らさず維持するということは、村が村人を養うために必要とする生産力、食料や衣類の総量を変動させなくてよいということである。それで村の耕作する田畑の面積と、その地域特有の生産業を担う家の戸数を維持するのである。
　「村請」という形で村に課せられた年貢を納付し、上層から下層までの農民の家族生活を維持していくらかでも余裕のある暮らをしていくためには、村は村内の下層農民層の出産を抑制し、別の場合には出産を奨励して村の戸数や人口を一定に保つことが求められた。
　出生抑制がマイナスに働き災害や飢饉等により人口の減少をもたらした場合もあったが、基本的には陸奥の村々は18世紀半ばから1838年の天保飢饉まで生産と消費の均衡した状態を維持し、安定した戸数と人口を維持しようとしていた。仙台藩下の大籠村や、一関藩下の狐禅寺はその典型だったといってよい。

4. 明治維新による村落規制の崩壊

1 明治維新の大変革

　天保の飢饉による戸数減少と人口減少から村落戸数と人口を回復するため、1840年以降富裕農民家族も下層農民家族も多産していた大籠村や狐禅寺村だが、1860年までに増加したのは乳幼児や若年層人口にすぎず、どちらの村も徴税負担可能な「戸」が、分家などにより再建されて村全体の戸数が回復されるまでには至らなかった。

　東国全体が飢饉の被害を受けており、他村から家族として流入し徴税負担可能の戸となることもなかった。

　狐禅寺村の場合、近世的システムの最後の年1870（明治3）年は822人[54]と人口は回復したものの、戸数は145戸[55]と天保飢饉時の147戸よりもさらに減っている。大籠村の場合も、戸数は22戸も回復していない。仙台藩郡方や一関藩村方の各村々も同様だったと考えられる。そのため、明治維新が始まる1868年の時点では、村落規制による出産奨励はまだ続いていた。

　もし、明治維新が起こらず、そのまま年貢村請という近世的支配システムが続いていたら、若年層はやがて成人層になって分家などが行われ、徴税負担の戸は回復し、再び村落規制は下層農民家族への出生抑制へと働いていただろう。

　だが現実には、出産が奨励されて多産家族は増加しているが、年貢負担の基礎となる戸数の回復がいまだなされない時点の1868年に、政治・経済の大変革をもたらす明治維新が起こり、1871年の廃藩置県により大名による近世的支配システムは崩壊した。

　欧米列強諸国に遅れて近代化、資本主義経済化をめざす維新政府は、1871年には封建規制の「田畑勝手作禁止」を解いて農家の栽培作物を自由化し、翌1872年には「土地永代売買禁止令」を解除して田畑売買を自由にし、1872年には壬申戸籍を作成して居住区を中心に個人と家族を把握し[56]、1872年から73年にかけて土地ごとに所有者と所有権を確定していった。

　そして、1873年7月の地租改正条例をもとに、小農民家族を経営主体と

し、家族の家長たる戸主を直接の租税負担者として自立させる政策を遂行した。小農家族が公租負担の直接の単位となり、商品作物の栽培が近世後半期のように藩による上からの商業政策ではなく、農民家族の自由な判断による栽培として浸透していく過程で、従来の村落経済を規定していた村落規制は徐々に崩壊していく。

2 明治維新による村落規制の崩壊

　村落規制は農民家族の生産活動や日常生活を制限するものであったが、同時に農民家族の生存そのものを支えていた。近世後半期の農民家族は、生産活動においても日常生活においても現在の生活が将来的にも続くと思い、村落規制に従っている限り、将来的にもその生活が保障されるものと信じて生きていたのである。

　だが、1873年に地租改正条例が出され、それまでと変わって田畑は個人所有となり、徴税は個人負担に変化した。そして、入会地は国家の所有地・官有林野となり、官有林野は農民家族にその利用が禁じられていった。

　官有林以外の山林は山守りや有力者が所有名義人になる民有林になった。民有林については村人が山林部分にかかる地税の分担金を所有名義者に差し出して、燃料の薪や牛や馬の餌になる秣などの採取地として従来通りに利用できるところもあった[57]が、地税分担金の他に使用料も村人には徐々にかかるようになっていった。

　零細小作農民家族にとっては、無料で「生活・生産資料を調達できる秣場・炊料山・刈敷場を入会所有している」[58]ことは、「何ものにも変えられない恩恵」[59]だったが、共同所有だった利用地に地税分担金と使用料がかかるようになったのである。共同利有地・入会地に依存して生きていた農民家族、わけても下層農民家族にとって、山林原野の地租改正が終わった1877（明治10）年代以降、無料での山林原野の利用は不可能となっていく。

　それにつれて、村落規制は守っても見返りのないものになっていった。村落規制は規制の基盤を失っていった。

5．計画によらない多産家族の出現

1 明治前期の東北農村型農村部の合計出生率変動

　旧一関藩狐禅寺村は、1876（明治 9）年に岩手県一関町に編入されたのち、1889 年には町村制実施のもとで近隣 4 村とともに真滝村となった。町村制施行前の 1889 年の狐禅寺村の戸数は 147 戸、人口は 984 人[60]と判明する。近世的支配システムが崩壊する直前の 1870 年の戸数は 145 戸、人口は 822 人[61]だったから、戸数は 2 戸しか増えないのに、人口は 162 人も増加している。

　狐禅寺村の近世後半期の戸数・人口の最大時は 1816 年の戸数 159 戸・人口 846 人[62]で、1 戸あたり平均人員は 5.3 人だった。だが、明治に入った 1889（明治 22）年の 1 戸あたり平均は 6.7 人と 1.4 人も増えている。狐禅寺村の一家族内の構成員の増加要因は、平均余命の上昇もあろうが、村落規制の出産奨励による多産家族の増加である。

　では、多産家族の増加は、狐禅寺村の農民家族が豊かになったからかというと、そうではない。1889（明治 22）年、狐禅寺村など 4 村が合併して真滝村になるのは、「各村トモ　資力独立ニ耐ヘザルヲ以テ　合併ヲ要」[63]したからである。狐禅寺村は近世期には紅、麻、鮭、鱒などが産物だった。旧一関藩で養蚕を行っていた地域は明治に入って失業士族授産のため桑栽培が奨励されたが、1897 年でも蚕飼育法の進歩はまだ十分でない[64]とされ、真滝村も特別に生産物が増えたというわけではない。しかし、この間に農民家族に多子家族は増えている。

　これは、明治維新が起こり土地制度や徴税方法の大変革のもとで村落規制が崩壊し、村落規制による出産奨励に歯止めがかけられなかったためである。

2 計画によらない多産の出現

　明治期に入ると、ある農民家族が 7 人、8 人、9 人と多産して村の人口が増えたとしても、村落自体の存続には直接に影響はなくなった。大勢の子の

養育に困るのはその家族だけとなる。子どもを大勢養わざるをえないため困窮が深まり、困窮家族の戸主が納税義務を果たせなくなっても、近世後半期の「村請」のような村の責任はなくなり、いわば戸主の自己責任になったのである。子どもが大勢でも村落の人々からは従来のような批難の眼でみられなくなり、自己の家族が影響を受けるだけとなる。

養育水準は、子を小学校には通わせないで家の手伝いなどをさせれば維持できる。跡取りは必要だが、6人を超えるような子どもの出産は、跡取りを確保するというにはあまりにも過剰である。それなのに、何故、大勢の子を産み続けるようになったのだろうか。

近世後半期、農民家族は部落や村落の立てた計画に身をゆだね、結婚年齢や出生児数までも、自分たちの判断ではなく村落の規制に従って生きてきた。いわば村落を生存の単位として生きてきた。

だが、明治維新の廃藩置県後、統一国家のもとで地租改正が展開し、各家は村落から自立させられ、個々の農民家族は経営的には自主的判断で農業経営に臨まざるをえなくなった。当然のこととして、農業経営にともなう結婚や出生児数についても村落の介入はなくなり、自らの判断で行わなければならなくなった。

だが、農民家族の多くは、それまで村落の規制に従って生きてきた習慣のために、新しい変化に対応して、困窮化から抜け出るために自らの生活を自律的にしていく習慣をつくれなかった。ことに下層農民家族の生活は計画が立たずに「その日ぐらし的」[65]となった。出生養育に関しても将来の生活設計をして出生児数を決め、自律的生活態度をつくることができなかった。ここに計画によらない多産が生じたのである。

家に余る子を奉公に出すなどの方途もなく、家族生活の困窮化のなかでも、一夫婦が平均6人を超える子を産むような状態が続くのである。

おわりに

近世の農民家族においては、村落規制が出生養育をコントロールしてい

た。近世後半期の東北地域の村落を典型とする共同体依存の強い、全国各地にひろがる純農山村においては、ごく少数の富裕家族は5人、6人と産んだが、村落規制は通常は下層農民家族への出生抑制として働き、子は2～3人程度の少子家族[66]によって村落の戸数と人口は維持されていた。

　大きな災害や伝染病、飢饉等による人口減少後は、村落規制は反対に生き延びた農民家族への出産奨励へと働き、村落の戸数や人口の回復がめざされた。

　他方、家の自立化が進み村落規制があまり強く働かない都市近郊農村型農村部においては、各家の将来設計のもとで出生養育が行われ、家に余った子は近隣の都市部や機業地へ奉公に出すなどしていた。余剰の人口は都市に放出することが可能であったため、とくに計画的に出産をしなくても何とかなることは、都市近郊農村における特徴でもあったのである。

　その結果として、都市への流入が村落の戸数と人口を安定させていたが、村落維持の範囲を超えて都市部に移動する場合もあり、関東地域のように多くの村落が人口減少で荒廃することもあった。

　都市部においては、安定的家族は少なく合計出生率は低かったが、近郊農村部から人口を吸収して都市は生き延びていた。この都市と都市近郊農村の出生システムは、明治前期に入っても変わらなかった。

　幕末の1838～40年の天保の飢饉は、東国の村落の戸数と人口を激減させた。通常時は3人程度であった合計出生率は、村落規制により戸数と人口の増加がめざされて1840年から5～6人程度と高くなり、村落に多産家族と幼年・若年人口が増加していく。だが、生産と徴税を担う戸数が分家などにより回復しないうちに、明治維新が起こって社会経済システムが根本的に変わった。

　明治政府の地租改正により農民家族の戸主に土地所有が認められ、税の負担は「村請」から農家家族の戸主の直接負担となった。その後さまざまな改革が行われ農民家族の生活保障とともにあった近世的村落規制は崩壊していき、高くなっていた合計出生率すなわち多産化に歯止めをかけるものがなくなった。それまで、村落規制に従って生活を保障されていた農民家族の多くは、新しい変化に対応して自らの生活を自律化できないまま、今度は計画によらない多産を続けていったのである。

（1）鬼頭宏『人口から読む日本の歴史』講談社学術文庫、2000 年、191 頁。
（2）桜井由機「商家奉公人のライフコース――再生産からの隔離」（氏家幹人・桜井由幾・谷本雅之・長野ひろ子編『日本近代国家の成立とジェンダー』柏書房、2003 年）117 頁。
（3）前掲鬼頭宏『人口から読む日本の歴史』192 頁。
（4）同前、192 頁。
（5）速水融『歴史人口学の世界』岩波書店、1997 年、89 頁。
（6）乳児数 1000 人に占める死亡乳児の割合。
（7）石崎昇子「明治期の生殖をめぐる国家政策」（『歴史評論』600 号、2000 年）。
（8）浜野潔『歴史人口学で読む江戸日本』吉川弘文館、2011 年、146 頁。
（9）巻末資料 190 ～ 193 頁の表「府県別合計出生率（1899 ～ 1965 年）」による。
（10）速水融『近世濃尾地方の人口・経済・社会』創文社、1992 年。
（11）同前、256 頁。
（12）同前、218 頁の数値に乳児死亡率 100 パーミルを掛けて算出した。
（13）同前、201 頁の 8-7 図「高持別構成比率の推移」。
（14）同前、216 頁。
（15）同前、275 頁。
（16）事例は前掲速水融『歴史人口学の世界』175 ～ 220 頁による。なお「すみ」が産んだ人数には乳児死亡は含まれていない。
（17）同前、175 ～ 220 頁。
（18）高木正朗・新屋均「東北諸藩の人口趨勢――仙台藩郡方・一関藩村方人口 200 年の復元」（高木正朗編『18・19 世紀の人口変動と地域・村・家族』古今書院、2008 年）29 ～ 31 頁。
（19）同前、29 ～ 31 頁。
（20）同前、29 ～ 31 頁。
（21）同前、29 ～ 31 頁。
（22）一関市史編纂委員会編『一関市史 1 巻　通史』一関市、1978 年、904 頁。
（23）高木正朗「近世東北地方農民家族の世代的再生産と人口の構造」（『社会学評論』131 号、1982 年）24 頁。
（24）同前、24 頁。
（25）同前、24 頁。
（26）同前、25 頁。
（27）高木正朗「はしがき」（前掲高木正朗編『18・19 世紀の人口変動と地域・村・家族』）Ⅳ頁。
（28）松浦昭「幼年人口比率維持のメカニズム」（前掲高木正朗編『18・19 世紀の人口

変動と地域・村・家族』）158 頁。
(29) 前掲高木正朗「はしがき」Ⅳ頁。
(30) 山本起世子「人口と家族構成」（前掲高木正朗編『18・19 世紀の人口変動と地域・村・家族』）150 頁。
(31) 同前、140 頁。
(32) 前掲松浦昭「幼年人口比率維持のメカニズム」159 頁。
(33) 前掲一関市史編纂委員会編『一関市史 1 巻　通史』904 頁。
(34) 斎藤修「人口変動における西と東」（尾高煌之助編『幕末・明治の日本経済』日本経済新聞社、1988 年）32 ～ 34 頁。
(35) 同前、32 ～ 34 頁。
(36) 前掲高木正朗「近世東北地方農民家族の世代的再生産と人口の構造」32 頁、表 4「結婚コーホート別の妻の生活周期」。
(37) 乳児死亡率 100 パーミルで計算した。
(38) 前掲高木正朗「近世東北地方農民家族の世代的再生産と人口の構造」32 頁、表 4。
(39) 前掲松浦昭「幼年人口比率維持のメカニズム」160 頁、図 2「幼年比率と出生率」による。松浦は、村は将来の労働力人口を一定に保つため、「幼年人口比率」を一定にしようとする力が働くという説を提唱、個別の村に残る人口と出生児数から村の普通出生率を算定し、グラフ化している。そのグラフを資料として利用した。
(40) 同前、160 頁、図 2「幼年比率と出生率」。
(41) 同前、160 頁、図 2。
(42) 史料は「養育金御貸付定」（宮城県史編纂委員会編『宮城県史 6　厚生』宮城県史刊行会、1960 年）95 頁。
(43) 史料は「定留」（藤沢町史編纂委員会編『藤沢町史　上』藤沢町、1979 年）507 頁。
(44) 渡辺尚志「近世村落共同体をどう捉えるか」（『近世村落の特質と展開』校倉書房、1998 年）36 ～ 41 頁。
(45) 落合恵美子「失われた家族を求めて――徳川社会の歴史人口学」（河合隼雄・大庭みな子『現代日本文化論 2　家族と性』岩波書店、1997 年）53 ～ 54 頁。
(46) 前掲高木正朗「近世東北地方農民家族の世代的再生産と人口の構造」29 頁。妻が結婚してから最終産が生理的に可能な 45 歳まで配偶関係を継続することができた夫婦をいう。
(47) 同前、32 頁、表 3「世帯の持高と出生児数」。
(48) 宮本百合子「農村」（『宮本百合子全集補巻二』新日本出版社、1981 年）では、大正期のことだが、小作人家族の小学生から幼児までの 5 人の子が、両親が働きに出ているとき、食べ物を取り合う様子がルポルタージュ風に描かれている。荻野美穂は

第 1 章　近世後半期〜明治前期　都市型、都市近郊農村型、東北農村型の出生養育　　45

　　　『「家族計画」への道』岩波書店、2008 年、2 頁において「子沢山の明治社会」と明治
　　　社会に多産家族が多いことを指摘している。
(49)　大和田権兵衛『管見録』(瀧本誠一編『日本経済大典第 28 巻』明治文献、1969 年
　　　復刻) 176 〜 177 頁。
(50)　前掲松浦昭「幼年人口比率維持のメカニズム」172 頁の表 8 。これまでと同様に
　　　乳児死亡率を 100 パーミルとして算定。
(51)　同前、160 頁の図 2。
(52)　同前。松浦は、狐禅寺村の幼年比率と出生率をグラフ化し、近世では村を維持す
　　　ること自体が重要な目標でもあったので、彼らは人口の動きに敏感であった、幼年比
　　　率が維持された背後には、村の何らかの関与があったとする。さらに、狐禅寺村の出
　　　生性比は 112 と不自然に男子が多い (112 頁) のも個々人の考えだけでないことを示
　　　している、「無意識の構造」が村に根付き、さまざまな局面に対して強くかつ有効に
　　　働いた、としている。
(53)　森嘉兵衛『岩手近代百年史』岩手県、1974 年、389 頁。
(54)　前掲一関市史編纂委員会編『一関市史 1 巻　通史』904 頁。
(55)　同前、904 頁。
(56)　維新期の戸政策については、横山百合子『明治維新と近世身分制の解体』山川出
　　　版社、2005 年に詳しい。
(57)　細井計『図説　岩手県の歴史』河出書房新社、1995 年、221 頁。
(58)　前掲森嘉兵衛『岩手近代百年史』376 頁。
(59)　同前、376 頁。
(60)　前掲一関市史編纂委員会編『一関市史 1 巻　通史』955 頁。
(61)　同前、904 頁。
(62)　前掲松浦昭「幼年人口比率維持のメカニズム」158 頁。
(63)　前掲一関市史編纂委員会編『一関市史 1 巻　通史』955 頁。
(64)　一関市史編纂委員会編『一関市史 2 巻　各説』一関市、1978 年、655 頁。
(65)　その様子は、横山源之助『日本の下層社会』「第五編　小作人生活事情」(岩波文
　　　庫、310 頁) に、富山県下の射水郡、下新川郡などの調査をもとに、「明日の百より
　　　今日の五十文に甘んじ、かろうじて一日を過ごしおるなり」とされている。
(66)　服藤早苗監修、伊集院葉子・栗山圭子・長島淳子・石崎昇子・浅野富美枝著『歴
　　　史のなかの家族と結婚』森話社、2011 年、143 頁。

第2章

明治中・後期の3類型の出生養育

第1節　明治中・後期の都市型、都市近郊農村型の出生養育

1．都市型——家族形成できない労働者

1 明治中期の都市部の労働者

　日本の資本主義経済の開始期の1880年代に行われた松方デフレ政策[1]は、農産物の値段を大暴落させた。地租改正により、農民家族は田畑にかかる定額の地租を自己の責任で現金で払うことになっていたが、米価の大暴落により地租や地方税を払うことができなくなる農家が続出した。
　自作農家族や小地主農民家族でさえ、土地を担保に借金して税金を払わざるをえず、その借金を返せないと担保の土地の所有権を取り上げられ、従前と同じように田畑を耕作するものの、新たに土地所有者となった地主に高額の小作料を収穫米で払う、小作農家とならざるをえなかった。
　これ以降、家族員の一部が外に働きに出なければ経営が成り立たない小作農家族が全国的に増加し、都市部に賃仕事を求めて移動する男女が増えていった。
　だが、東京などの都市部においては旧武士社会の受容を背景に近世的安定のもとにあった職人世界は崩壊しており[2]、都市部に流れ込んだ男女も安定的な職業に就けず、流浪する単身者が多かった。明治中期のその様相は、東京の単身労働者用の木賃宿に入り調査した松原岩五郎が、1892（明治25）年

11月から『国民新聞』に連載[3]した「最暗黒の東京」に詳しい。

単身男性労働者は、親方に属して「天井を張らざる二階の十畳に、五人ないし七、八人くらいを同居」させられ、「日々一銭の屋根代と一銭の草鞋代と湯銭と煙草銭とそのほか法被股引等の切り替えに要する金銭」を引かれる。そして「飲食に費やすの甚だ少なきに至る」[4]と、飲食にも事欠くような「その日暮らし」で、30歳を過ぎても家族を形成する者はいない。

一方、裏長屋で不安定な家族をつくり生活をする者もいないではなかった。それらの暮らしぶりについて、1886年の『朝野新聞』は、東京T町の九尺二間（4畳半の部屋と1畳半の土間の狭い住居）、ひと間の裏長屋に住む夫婦と老婆と幼児のいる家内4人暮らしの例をあげ、「大抵貧家には七、八歳の小児いる事まれなり」[5]としている。5、6歳になり自分の身のまわりのことができるようになれば、「男は府内の町屋に」「女は上州辺の機織り」[6]に奉公に出し、親は「年期金を取る」[7]からである。

これらの夫婦は、子どもを数人産んだとしても、5～6歳くらいまで育てれば口べらし的に奉公に出せばよい、学校になど行かせる必要はないという意識なので、子の養育教育については考えていなかったといってよい。

こうした暮らしぶりの男女が多くいるなかで、1886年の東京府15区6郡における総死亡者数に対する2歳以下の子どもの死亡率は29.5％[8]と高く、乳幼児子の死亡が総死亡人数の3分の1近くを占める状態で、子どもの生存すらも保障できないという出生養育であった。

2 明治後期——産業革命期の東京

日本資本主義経済が産業革命期に入った1890年代でも、東京では労働者が家族を形成できない状態が続いていた。

この時期のルポルタージュ横山源之助『日本の下層社会』によれば、日雇人夫や車を親方に借りての人力車夫などの家族は、不安定な職のもと「夫婦とよばれる者」[9]も4畳半の一間に他人とともに住み、夫婦とも「その日稼ぎ」で定住性はない。将来生活の見込みのなさに「私生児産れ、中途にして婦女の逃走するもの多き」[10]ために、幼い子が雑居のなかにとり残されることもあった。

横山のルポにみられる出生養育は、「一家夫婦」と呼ばれても夫婦が互いの生存を確保しながら子どもを産み、産んだ子の養育に責任を持とうとするものではない。将来を考えた安定した家族のイメージを持てないでいるのである。

同じく産業革命期の1901（明治34）年、農商務省商工局工務掛が工場法立案の基礎資料にしようと行った各種工業部門の労働事情の調査報告書『職工事情』が示す労働者像は、一般的に「職工は多くは妻帯せざる。一二、三円になれば妻があり一家を経営するものにて、これらはおおむね二家族以上が同居し、また二、三名の職工を下宿させている」[11]、「日々の生計は困難で高利貸しが暗躍している」[12] 状態である。

一時工場に消費組合のようなものもできたが、「掛け売り金を支払わない者が多くて消滅」[13] するというものだった。この時期はまだ、夫婦と子どもの単位で生存を安定的に保障しながら暮らす職工たちはなく、生活を予算化して消費を計画する消費組合活動は成り立っていない。

旧士族や書生など相応な教育を受けた者も多い鉄工場職工の場合も、所帯を持っていても賃金は日給賃金制度で、賃金の支払日には遊興に行って家に帰らず、「賃金支払いの翌日は休業する者多く、貯蓄心に乏し」[14] かった。

個別の事例では、敏腕の鉄工場職工も病気で工場を20日休んだ折には妻が去り、自分は同僚の家に転がりこむが、同僚が死亡したので現在は残されたその妻と12歳の子との同居というものがある[15]。

不安定な職、雑居的な居住、夫婦となったからといっても病気にでもなればすぐ別れる。無計画な消費、それゆえに消費に対する自律性が要求される消費組合が職工間に成立しないという状態であった。

〈都市部における乳児死亡率の上昇〉

1886（明治19）年の戸籍法改正により乳児死亡数が精密さを増した1888年の全国平均乳児死亡率は110パーミル（1000人中110人）であった。

たが、産業革命期の1895年から1907年の間に乳児死亡率の全国平均は約150パーミルに上昇し、なかでも高い府県は、上から大阪府208パーミル、山形県208パーミル、千葉県188パーミル、秋田県189パーミル、岩手県・青森県185パーミル、東京182パーミル、宮城県・奈良県169パーミルなど

である[16]。

　乳児死亡率の高い地域は、産業革命によって形成されつつある九州・阪神・中京・京浜工業地帯に含まれる県と、東北地域に集中している。

　高い乳児死亡率の背景には、産業構造の工業化への転換のなかで、都市部において家族を形成してもいまだ安定的な家族とはなりえていない労働者男女が多いこと、そして、「生存ぎりぎりのところまで、小作料を取り立てられる」[17]低生産力で米単作地帯の大地主制度が展開する東北農村型農村部の地域の問題があった。

〈労働者保護法見送り〉

　1897（明治30）年にはすでに『統計学雑誌』に死産や乳幼児死亡の増加に着目する論文[18]があらわれ、死産率や乳幼児死亡率が増加するのは、「職業激甚と生計困難による悪習であり」「死体出産の不幸の因ってくる影響」[19]を調査するよう当局者に喚起していた。これらの論は、男女労働者の労働環境や生活そのものの悪化に関する調査の必要を指摘するものであった。

　医師らによって構成される大日本衛生会も、その機関誌の論説において、死産、乳児死亡の増加と、女子工場労働者や都市下層民の増大という社会変動との関連の調査の必要性を主張している。

　1895年に米価が上がり不況による労働争議の激増が社会問題になったことを契機に、農商務省は、労働者保護法をつくるべく工場労働調査を開始し、1897年『工場及職工に関する通弊一般』や1903年には『職工事情』を発行するに至る。だが労働者保護法は見送られた。

　産業革命期も終わりに近づいた1902年ころには、間仕切りのある共同長屋に夫婦と子ども数人とで一室に住む職工家族も生まれたが、家賃は「日払い」でしか払えず、妻が煙草巻や袋張りの内職をしても学齢期の子を学校に通わせる収入は得られない[20]。子どもは内職の手伝いをしたり路地に群れたりし、行く末はどうなるのかわからない。

　この時期にはまだ、職工の間には学齢期の子は小学校に上げて教育をつけ、将来一人前にやっていけるように育てていくという安定的な再生産システムとしての家族の形成をめざす志向はなかったのである。

〈賃金生活者のエリート層〉

　一方、旧武士層から官吏や公吏になった者や、地方名望家や士族の子弟が志を持って新しく設立された会社に勤め、学校教師になるなど年俸や月給による安定的収入を得る家庭の人々も出現し始めていた。賃金生活者のなかのエリートである。

　1880年代には西欧を模した「家庭」という言葉も論壇にあらわれ、男子は立身出世して一家を背負い、女子は良妻賢母となって次世代の国民を育成するという性別役割分担に期待する規範が、資本制経済を支える賃金生活者のなかのエリート層に広まりつつあった。これらの人々は、旧武士層の伝統を引いて、だいたい4～5人程度の子を出生養育し、小学校はもちろんのこと、中等教育、さらに高等教育も受けさせて一人前にして社会に出そうとしていた。

　明治期の都市は、圧倒的多数を占めるいまだ安定的な家族を形成することが困難な労働者層と、賃金生活者だが社会のエリートとして安定的な家族を形成してきた層とが、混在した世界であった。

　そのため、労働者の人口把握は困難であり、明治中期までの都市の人口統計は信頼性が低い。

2. 都市近郊農村型——近世後半期から続く多子家族

1 明治期の女性労働と出生養育

　都市近郊農村型の農民家族の場合は、明治期に入っても近世後半期とあまり変わらず、5～6人程度の子を出生養育し、都市部において始まる殖産興業の労働力として若い男女を供出していた。

　開港により幕末から始まった生糸海外輸出は、明治に入ると在地の器械製糸工場をも激増させたが、同時に農家の養蚕とともに各農家で家族労働力により行われる座繰製糸も増加させ、労働力需要を増大させていった。

　都市近郊農村型の農村部における明治前期・1870年代の1町（約1ha）あたりの穀物算出高統計をみると、東海地域は38.6円、畿内地域は60.4円、

農産加工は東海 4.4 円、畿内 28.6 円である[21]。これを東東北地域 1 町あたりの穀物生産高 24.5 円、農産加工 2.7 円と比べると、近畿地域の都市近郊農村部の生産力の桁違いの高さが理解される[22]。

たとえば、岐阜県の場合、すでに 1880（明治 13）年には 50 人以上の女性職工を擁する大規模製糸工場が高山町などに多くみられ、東濃尾の恵那郡や賀茂郡には 10 人未満の零細製糸工場や 10 人以上の器械製糸工場が簇生して器械製糸業が躍進していた[23]。

そこには小学校を出るか出ないかの女子が、糸ひき奉公に出ていた。今、『岐阜県女性史』の「聞き書き集」の明治生まれの女性の部分をみると、富山県に近い宮川町に 1909 年に生まれた女性は「女の子は小学校卒業すると（富山県へ）糸ひきにいった」[24]と語る。帰村しない人もいるが、故郷に帰ってきたこの女性は、「25 歳で結婚し、子が生まれても糸ひきに行き、5 人目の子がお腹にいた 1943 年夫が戦死」[25]したという。

長野県に近い宮村で 1902 年に生まれた女性も「大農家の子は別として、どの子も糸ひき女工として長野県の工場に行った」という。糸取りが上手な彼女は故郷に帰り「宮内庁の仕事」に就き、故郷で 26 歳のとき結婚した[26]。

明治生まれの女性はだいたいが小学校を出るか出ないかで製糸や繊維産業などの職へ賃稼ぎに出て働き、帰村すれば 25 歳くらいで結婚、婚家でも働きながら 5 人程度の子を産んでいる。これらを都市近郊農村型の一般的傾向とみてよかろう。

明治期には都市部には、新しく殖産興業も勃興し、各県から単身都市部に移動する人はますます多くなっていく。この都市部の経済の発展と労働力需要が、都市近郊農村部の 5〜6 人程度の合計出生率を支えていたのである。

2 多産は多死が原因ではない

都市近郊農村部では乳児死亡率はあまり高くない。つまり多死ではないが、多産である。岐阜県と滋賀県を取り上げ合計出生率と乳児死亡率を対照してみよう。なお、乳児死亡率は『帝国統計年鑑』に掲載されているもので、同年に生まれた乳児 1000 人に対する比率である。

岐阜県の場合も滋賀県の場合も乳児死亡は 7 人に 1 人程度とあまり高くな

表2-1 岐阜県・滋賀県の合計出生率と乳児死亡率

	岐阜県		滋賀県	
	合計出生率	乳児死亡率	合計出生率	乳児死亡率
1905（明治38）年	4.80	148	4.52	158
1910（明治43）年	5.69	156	5.51	162
1915（大正4）年	5.53	158	5.25	169
1920（大正9）年	6.23	158	5.43	175
1925（大正14）年	5.75	141	5.06	160
1930（昭和5）年	5.47	129	4.76	115

表2-2 岩手県の合計出生率と乳児死亡率

	合計出生率	乳児死亡率
1905（明治38）年	4.90	192
1910（明治44）年	5.49	184
1915（大正4）年	5.39	177
1920（大正9）年	6.55	170
1925（大正14）年	6.01	160
1930（昭和5）年	5.90	148

いのに、5～7人と多産している。都市近郊農村型農村部の場合、乳児死亡率は明治期からみると大正後半期、昭和前期へと暫時低下傾向にあった。その期間も5～6人程度の子を多産しているのは、家に余った子は近世後半期以来の慣例として都市部に労働力として移動させることが可能だったからである。

なお、滋賀県の1920（大正9）年の乳児死亡が多いのはスペイン風邪の流行のためである。また、岐阜県の場合1920年の出生率が6.23人と突出して高いが、これは1918年のシベリア出兵による有配偶者出征兵士が多かった影響で1919年の出生数が減少し、1920年は兵士帰還によるいわばベビーブームとなったためである。1920年に出生率が突出的に高いのは、他の府県にもみられる現象である。

多産は多死が原因ではないことは、東北の岩手県の場合をみるとよりいっそう明確となる。ここで、同時期の岩手県をみると（表参照）、乳児死亡は徐々に低下しているにもかかわらず、合計出生率は1925年に向け上昇して

いる。乳児死亡率の低下にもかかわらず合計出生率が上昇していくのは、東北地方の他の県にもみられることであり、多死だから多産だとはいえない。

第2節　東北農村型農村部の多子家族化と地主制度の拡大

1. 農民家族の困窮化と多子家族化

　幕末の1840年から高い合計出生率になった東北農村型農村部の中・下層農民家族は、入会地権など生存を保障していた村落規制が崩壊するにともなって困窮化を深めていたが、その困窮のなかでも多産は続いていた。これを岩手県においてみよう。
　1873（明治6）年に生まれて1890年ころから出産を始めた岩手県和賀郡江釣子村の農民家族の老婆は80歳になった1953（昭和28）年に次のように語る[27]。自分の家は「なんぼ稼いでもさっぱりうかばれ」ないが、自分は「子供ら大勢でうんと苦労した」「でも子ども手足延びれば一人で育った」。
　この語りは、この家が親と自分の2代にわたり困窮していること、老婆が産んだ子の人数は不明だが、1890（明治23）年ころから1900年代と「大勢」産んだことを示し、子どもは「一人で育った」とは、子を小学校に通わせるなどの質の高い養育はされず、跡取り以外の余った子の多くは農村の余剰労働力となって地主の手伝いなどの日雇人となるか、近代になって新しく編入された北海道などに出稼ぎに出たということであろう。
　1907年ころから産み始めて「七人の子を生した」[28]老婆は、夫が子の小さいうちに死亡したこともあり生活は貧窮を極めている。だが、村の誰も助けてくれない。
　常識的には、出生児数が増えるのは生活が豊かになったためではないかと思うかもしれないが、実態はむしろ逆で、困窮化している中・下層農民家に多子家族が増えているのである。矛盾しているように思われるが、中・下層農家民家族は困窮化が深まるなかで生活設計を立てること自体を習慣として持つこともなく、また困窮が極まれば極まるほど、将来を考える余裕自体を

持てなくなっていったのである。そうしたなかで、子どもを「つくろう」と計画しないのに、子ができて、生まれてきてしまうのである。

2．地主制は生活保障＝多産抑制に働かなかった

① 明治中期——地主制の確立

　商品経済が拡大する1900（明治30）年代には地主・小作制度が東北地域を中心に増加確立していく。そのため農商務省は1912年に全国の農村100を選びその実態調査を行った。岩手県においては胆沢郡小山村に調査史料[29]が残っているので、岩手県における小作農民家族の増加の様子をみる。

　岩手県では地租改正条例直前の1872年時は、全国平均より小作地率は低かった。先進地域の愛知県以南の諸県においては1872年段階で小作地はすでに30％くらいになっていたが、岩手県全体では1886（明治19）年調査において初めて18.7％になり、その後に小作地化が進んで1910年には田畑33％が小作地になっていく[30]。

　日本全体ではすでに近世末期に寄生地主化は進んでいたが、近代に入っての寄生地主の増加は、関東・東北地域を中心に拡大していったとされる所以である[31]。

　胆沢郡小山村の場合、1890年から1904年の日露戦争を挟んだ20年間に、小作地は185.5町から233.6町へ増加し、多くの土地は都市部の金貸しか村の地主の手に移り、小作農民家族が激増した。

　小作農民家族の増加の原因は直接には1902年と1905年の凶作だったが、その基礎には商品経済の展開が潜んでいる。

　胆沢地域にも酒造、製糸などの商品経済の展開は及んでおり、地主は畑作でさえ小作料を米で取り、それを酒米として清酒を販売し、清酒がほしい農民には土地を担保に取って金を貸し、借金が返せなければ土地を取り上げ、そこを小作農地としたのである。

　こうして酒造家はますます地主化するのである。その結果、小山村では、田1〜3町の中堅農家が分解し、自作地5反（1反は約0.1ha）未満層の零細

農家が5％から36％に激増した。畑についても同様であった。こうして小山村の場合、全く耕地を所有しない全小作農家戸数が3.7％から19.8％へと激増した[32]が、この自作の小作化は胆沢地域の他の所でもみられることであった。

　田畑の小作地増加ばかりでなく、山林の原木を利用した薪炭業が都市部の燃料使用に向けて盛んになると、その従事者も地主への隷属性を強めていった。薪炭業には炭焼きに雇われる場合と原木を購入して自己経営する場合があったが、原木はもはや村落の共有物ではなく代替わりした村の地主の、あるいは町の高利貸しの所有となっていた。自己経営者は原木を買わねばならず、雇われた者も低い賃金のもと、いずれも山林地主への従属性を強めていた。

　そんななかで小牛を育て、売った代金を折半する「牛小作」[33]もひろがっていった。小牛の餌場となる採草地や放牧地の使用料は、地主の手作地を耕す労働力を提供するか、冬期間に地主の牛を預かるかして返すしかなく、自分の田畑仕事が忙しいときにも地主の手作地に呼び出され、自分の田畑は荒れて収入が減るという場合が多かった。ここでも下層農民家族の困窮は深まっていった。

　岩手県の場合、小作慣行として将来的にも耕作権が保障される永小作とされていても、過剰な農村人口を背景に、実際には毎年の契約で地主の裁量で耕作者を変えることができる普通小作と変わらず[34]、いつ何時、地主に土地を取り上げられるかわからない不安のなかに小作農民家族は置かれていた。そんななかで、弱小な小作農家が増えていく。そのため小作農民は地主の言う無理も聞き入れざるをえない。こうした地主制度が農民家族の隷属性と困窮を深めていたのである[35]。

2 地主制は村の生活規律をつくらなかった

　岩手県においては1910年代に地主制度が確立した。だが、近代社会の村落秩序と村落内人間関係を規定した地主制は、近世の村落秩序＝村落規制のように小作農家族の生産活動や日常生活、結婚や出生養育に介入して小作農民家族の生存を保障するものではなかった。

表 2-3 岩手県北部における出生児数と乳幼児死亡数
（1952 年調査）

	産んだ子	亡くなった子	生存している子
①	10	5	5
②	10	9	1
③	12	6	6
④	8	1	7
⑤	9	1	7
⑥	8	2	6
⑦	10	2	8
⑧	9	5	4
⑨	9	3	6
⑩	9	3	6
⑪	10	2	8
⑫	4	2	2

　岩手県には 1952（昭和 27）年に 40 歳台の母親 12 人を選んで行われた「出生児人数と乳幼児死亡人数に関する調査」[36]がある。調査場所は「県北のある部落」とされるが具体的には不明である。調査対象の 12 人の母親は 1952 年に 40 歳台とされるので、生まれた年は明治後期の 1903（明治 36）年から 1912 年くらい、20 歳前後で産み始めるとして 1920 年代から 1930 年代に出産したとすると、ちょうど岩手県の地主制度が拡大確立したころの出生養育である。

　この調査からは地主制度が確立する時期に多産化は続いており、地主制のもとでは小作農民家族の子の養育保障など生活保障を目的とした出生抑制への介入はなかったことがわかる。

　子どもたちが小学校に入学するまでに亡くなった場合と、生存している子の人数を表 2-3 で示す。全体では出生子は 108 人、小学校入学までに死亡した子は 41 人[37]である。乳幼児期に死亡した子は約 40％と高いが、反対に 60％の子は生き延び、その人数は多い。

　②の女性の例のように 10 人産んで 9 人死亡という事例もあるがこれは例外的であり、母親の多くは 8 人、9 人、10 人、12 人と産み、6 人、7 人、8 人という人数の子が生き延びている場合が多い。これが、合計出生率が 6 人

以上、兄弟姉妹は7～8人が普通で、「子どもが大勢で困る」という状態を示すのである。

かつての村落規制は、下層農民家族の生殖に介入したが、他方、生活保障・生存保障としても機能していた[38]。これに対し、地主制度は、「子どもが大勢で困る」家族の生殖への介入もしないが、反対に小作農民家族の生活を保障する機能を持たなかったのである。

3 8人産んだ全小作農家族の妻の事例

1人の地主のもとに村落20戸の全戸が小作農家だった村に住む家族の出生養育をみよう。村には「猫のしっぽとオジ（長男以下の男の子）はあってもなくてもいい」ということわざがある。ここでは、長男以外は小作人にもなれない。

そんな村で明治後期に生まれたある母親は、1920（大正9）年から1932（昭和7）年までに8人の子を産んだ[39]。この母親が暮らしてきた家族は1町5反すべてが小作地の小作農家で、日常生活の燃料の薪を地主の山林でもらうために優先的に地主の家の田畑の耕作仕事をしなければならない。

忙しいときが重なる。家族は自分の田畑は放ってでも、地主の田畑を地主の自分勝手な恣意に従って耕さねばならない。加重な労働のなかで母親は乳がよく出ず男子2人女子2人の4人は乳幼児期に死亡した。

小作農民家族のこうした労働生活や、地主のわがままな恣意に従わざるをえない生活は、自らの生活に計画性が持てない小作農民家族の生活の典型である。東北農村型農村部には仕事のない人々が多いため、小作農家といっても地主に小作地を取り上げられ、他の人に小作地として渡すかもしれないという恐怖が常に小作農民にはある。こうした不安な生活のなかで、母親は長男を頭に8人の子どもを産んでいる。長男以外はあてなく産まれてあてなく育ち、死亡する子もいる。そして、疲れ果てた母親も死亡した。

小作農家族にあって8人の子を産むということは、妻は絶え間ない妊娠と出産、加重な農作業や賃仕事をしながら授乳しなければならず、母体は疲弊していくということである。子の多さを嘆きながら、妻の疲弊もかえりみられず、生活設計ができない農民家族のなかに、計画によらない多産が続いて

いたのである。

4 多産を語る明治生まれの男女の声

「多産」した女たち・男たちの声は、歴史のなかから聞こえてくるだろうか。岩手県国保連合会機関誌『岩手の保健』には農民家族の男女の声が多く記録されているので、次にこれを史料として利用しながら、多産する女たち男たちの声を聞いてみよう。

岩手県南の磐井病院に勤め、村で保健活動、生活改善活動を行い各地に診療所をつくっていく医師・酒井清澄[40]は、戦後間もない1945（昭和20）年秋、46年、47年と農村に入って無料診断保健活動を行った。そのなかで婦人会などにおいて「避妊方法の話」をしている。婦人会の40歳台の母親たちは「避妊」に強い興味を示した。だが、明治生まれの老農婦は「子供は自然の具（そな）わりだから、できるだけ生まねばならぬと教えられてきた」[41]と言う。

また『岩手の保健』が1957年に行った「受胎調節についてどう思うか」というアンケートの回答に「産すくりゃ産したから、後ァ出ながべえ」（子どもは神さまからそれぞれ数を決めて授かるものでその数だけ産めばあとは生まれない）という明治生まれの老婆の回答[42]も寄せられている。

明治生まれの岩手の女たちは、出生児人数は「自然の具わり」や「運命」、「神様が決めたもの」とする諦めで、計画によらない多産のもとに生きていたのである。

5 性の無規律性

「多産」については、妻の側からは夫＝男性に理解がないことがよく言われる。1957（昭和32）年に行われたアンケート調査において、ある老婆は「農繁期の時など、朝めざめて始めて解りあんす」[43]と言う。妻が疲れて眠っているうちに夫が性交をして妊娠したのである。家族として夫婦として将来の生活設計を立てられないとき、妻も出産を運命と諦観しているように、夫＝男性も子どもをつくることを計画して性行動を規律化することがな

い。
　地主的支配が生活の全般を覆っているような小作農民家族にあっては、小作農民家族の夫の側にも妻の側にも自律的生活態度が形成されていかないのである。
　自立的な経営のできない小作下層農民家族の夫婦は、困窮のなかで将来生活への自律的生活態度を持てないまま、妊娠力のある女性はなすがままに妊娠し、多産し、多子家族が増加していった。

おわりに

　都市部においては、労働者は、明治期も近世後半期の奉公人と同様に家族を形成すること自体が困難であった。
　一方、都市近郊農村部では近世後半期とあまり変わらない余剰労働力の都市への流入を前提とする多産状態が維持された。
　東北農村型農村部においては、飢饉からの村落回復のための出産奨励が行われているなかで近世的村落の支配制度が崩壊し、出産を抑制すべき力が働かないままに多産が続いていた。明治中・後期に地主・小作制度が拡大していき困窮する中・小の小作家族が多くなるなかで、多産家族は増加した。
　近世後半期の村落規制は農民の自由を制限するものだったが、村の人口を一定にすることによって農民の生活を保障するものでもあった。だが、近代の村落秩序となった地主制度は小作農民家族の生活保障にも出生抑制にも働かなかった。
　労働過重のうえに多産の疲労を重ねる母の疲労困憊した生活はかえりみられず、死亡する母親農婦も多かった。小作農民家族は子どもを一人前に養育・教育する見通しもないままに、子どもを産んでいたのである。
　もちろん、近世期にあっても明治期にあっても、裕福な農民家族の多産はあった。都市部にあっても富裕層家族が多くの子女を得て子福者と呼ばれる事例をたくさんあげることができる。明治期に最も富裕といえる家族を形成した福沢諭吉は9人の子[44]を持ったし、歌人として有名な与謝野晶子が

11回出産した事例はよく知られている。

しかし、明治期における多産家族の増加という場合、富裕な家族の個別的事例をあげることは意味を持たない。

明治期の多産家族の増加は、地主・小作制度の拡大のもと農民家族の困窮化が進むなか、小作農民家族が自立的生活や自立的経営への改革の展望を見出せないがゆえの多産だったのである。そこに、この時代の特徴がある。

（1）大蔵卿・松方正義がとった緊縮財政策と軍事費拡大政策。
（2）中村政則『日本の歴史29 労働者と農民』小学館、1976年、51頁。
（3）翌1893年に新たな書下ろし稿を加えて『最暗黒の東京』と題して民友社から発刊された。現在は岩波文庫で読める。ここでは岩波文庫を史料として利用する。
（4）松原岩五郎『最暗黒の東京』岩波文庫、1988年（12刷）、159頁。
（5）著者不明「府下貧民の真況」（中川清編『明治東京下層生活誌』岩波文庫、1994年所収）24頁。
（6）同前、24頁。
（7）同前、24頁。
（8）古川栄「小児ノ死亡率」（『東京医事新誌』458号、1887年）。古川はヨーロッパとの比較のため、東京府の割合を出している。この比較の結果については石崎昇子「明治の生殖をめぐる国家政策」（『歴史評論』600号、2000年4月号）に詳しく掲載されている。
（9）横山源之助『日本の下層社会』岩波文庫、1995年（44刷）、57頁。
（10）同前、57頁。
（11）犬丸義一校訂『職工事情（下）』「付録二 明治三三年一一月 某鉄工場職工（東京）談話」岩波文庫、1998年、267頁。
（12）同前、267頁。
（13）同前、267頁。
（14）犬丸義一校訂『職工事情（中）』岩波文庫、1998年、37頁。
（15）前掲犬丸義一校訂『職工事情（下）』209～220頁。
（16）乳児死亡率は『帝国統計年鑑』と、それに基づいて作成された『衛生統計に関する描書図並統計表』（東京統計協会出版部、1911年）12頁による。
（17）前掲中村政則『日本の歴史29 労働者と農民』63頁。
（18）岩井徳次郎「幼年者の死亡」（『統計学雑誌』120号、1896年）。

(19) 矢岳士「死体出産を見る」(『統計学雑誌』129号、1897年1月号) 6〜9頁。
(20) 横山源之助「下層社会の新現象　共同長屋」(前掲中川清編『明治東京下層生活誌』195〜217頁所収)。
(21) 斎藤修『プロト工業化の時代』岩波現代文庫、2013年、219頁。
(22) 同前、218頁。
(23) 岐阜県女性史編纂委員会編著『岐阜県女性史』岐阜県、2000年、108頁。聞き書きについては編纂委員の石月静恵さんのご教示を得た。
(24) 同前、425頁、1909年宮川村生まれSさん。
(25) 同前、425頁、1909年宮川村生まれSさん。
(26) 同前、424頁、宮村1902年生まれYさん。
(27) 「老婆　彼女をして語らしめよ」(『岩手の保健』33号、1953年12月発行) 59頁。1953年に行われた80歳以上の老婆への聞き取りなので、この老婆は1877年までの生まれと思われる。なお、『岩手の保健』は金沢文圃閣から2009年復刻されたものを使用。頁数は合本された巻の通頁とする。
(28) 同前、57頁。
(29) 森嘉兵衛『岩手近代百年史』岩手県、1974年、349頁。
(30) 森嘉兵衛「岩手の近代百年史」(『森嘉兵衛著作集第10巻』法政大学出版局、2003年) 50頁。
(31) 同前、50頁。
(32) 前掲森嘉兵衛『岩手近代百年史』349頁。
(33) 細井計『図説　岩手県の歴史』河出書房新社、1995年、238頁。
(34) 前掲森嘉兵衛『岩手近代百年史』354頁。
(35) 同前、355頁。
(36) 岩手医大衛生検査部・農村保健班「岩手の赤ちゃんたちよ　何故あの世へ急ぐ　第一」(『岩手の保健』48号、1957年5月発行)。
(37) 同前、281頁。
(38) 渡辺尚志「近世村落共同体をどう捉えるか」(『近世村落の特質と展開』校倉書房、1998年) 41頁。
(39) 鳥居繁次郎「陽の目を見ぬ小作人の子に生まれ」(『岩手の保健』47号、1957年3月発行)。
(40) 酒井清澄については、蜂谷双平・小池平和『昭和の赤ひげ先生　酒井清澄』本の森、2001年。
(41) 酒井清澄「産児制限が農村に理解されるまで」(『岩手の保健』8号、1949年4月発行) 209頁。
(42) 「受胎調節についてどう思う？　回答」(『岩手の保健』49号、1957年9月発行)

322頁。
(43) 同前、327頁。
(44) 西澤直子『福沢諭吉と女性』慶應義塾大学出版会、2011年、156頁。なお、西澤さんのご教示によれば、福沢の妻にはこの他に死産が2回あり、その1回は双子だったという。9人は育ち、3人は死産ということになる。

第3章

明治期の人口に関する国家政策

はじめに

　明治期の著しい人口増加を、富国強兵政策としての徴兵による強大な軍隊の創出、そのための20歳以上の壮丁（成人男子）の確保、そのための成年人口の増加という国家政策による結果だとする議論がなされている。そして堕胎罪の制定も、明治初期の産婆制度や売薬制度の改定も人口増加のための堕胎禁止によるものだったとするのである。
　しかしこの議論は、実証抜きに、アジア太平洋戦争時の「生めよ育てよ」政策を明治期にもあてはめ、当時も同様であったであろうと考えて、明治政府が人口増加策をとったと想像するものにすぎない。
　実際は、明治政府は人口増加策などとってはおらず、明治後期には過剰人口に対する対策をとらざるをえなかったのである。徴兵のための人口増加という議論は、明治期における徴兵制の実際をみていない議論であり、徴兵されるのは徴兵検査に合格した壮丁のごく一部にすぎず、アジア太平洋戦争末期のような根こそぎ動員のなかで徴兵する壮丁の不足をきたすような事態は明治期にはなかった。
　ここで、明治期の徴兵制と人口、医療公衆衛生についての国家政策について概括的に紹介しておきたい。

第1節　明治前期の人口に関する国家政策

1．徴兵制と人口政策

　明治維新による軍事上の改革は、国民皆兵の名のもとに徴兵令を施行したことである。強力な軍隊を持つ欧米列強に遅れて近代的な統一国家を形成しようとした維新政府は、成立の直後から大村益次郎らによってプロシアやフランスのような「国民皆兵」の政府軍をつくることを構想した。富国強兵をめざし国民皆兵による軍隊の編成のため、明治政府は「兵士」となる者を増やすべく明治維新が始まるや否や人口増加政策をとったとの説が根強くあるが、徴兵令の兵士は少数精鋭主義で、母数となる男子人口の増加策はとられなかったことを最近の研究から明らかにしておこう。

　1869（明治2）年7月、明治政府は兵部省を設置し、長州藩出身の山縣有朋を中心に1871年2月に政府軍として親兵1万3000人を組織し、同年4月、東京・大阪・仙台・熊本に鎮台を設け、旧藩兵などからなる常備兵を配備した。

　その力で7月廃藩置県を断行して大名制度を廃止し、翌1872年2月、陸海軍を創設した。そして、日本の独立と、士族や農民の反政府運動の鎮圧を目的に、1872年11月の徴兵告諭で国民皆兵を宣言し、1873年に徴兵令を公布した。これにより、士族・平民を問わず満20歳に達した男子はすべて兵籍に入ることを義務づけた。

　徴兵令は何度かの改正をしながら1945（昭和20）年まで続き、アジア太平洋戦争時の1942年には徴兵検査を受けた男子の「徴集率は79％強」とされる[1]。

　こうした根こそぎ動員と多くの兵士の戦死の記憶が、明治初年から20歳男子のほとんどが兵役に服し、政府は兵士になる多くの男子を必要としたと想像させ、国家は堕胎も避妊も禁止して出産を強制する人口増加政策をとったという主張の根拠となったのであろう。

　それほどに、アジア太平洋戦争で多くの出征兵士が死亡し、死亡した出征

兵士への記憶は根強く残っているのである。

　だが、加藤陽子の研究によれば、実際には明治期の徴兵制は、兵士も下士官も少数精鋭主義で、徴兵検査に合格しても現役兵として徴兵されて軍隊に入る者は少なかった。1873（明治 6）年の徴兵令から 1879 年の徴兵令改正までは、徴兵検査そのものを免除する免除規定があり、徴兵対象者のうち、身体虚弱や、戸主や独子・独孫、官立公立学校生、そして代人料 270 円を支払う者などは検査を受けなくてもよいとされ、免除された者は多かった。

　たとえば、1876 年は、徴兵相当人数は 29 万 6083 人いるが、うち免役が 24 万 2860 人[2]で、免役率は 82％、残りの 5 万 3226 人が受験総員で、徴兵検査を受けた[3]。

　合格者は統計が残されていないため不明だが、大正時代の統計から推定すると、1916（大正 5）年から 1921 年までの統計[4]からは受験者の 60％から 50％が合格者なので、1876（明治 9）年の合格者は 2 万 7000 から 3 万 2000 人となる。だが、実際に現役兵に選抜されたのは 9405 人[5]で、受験総員の 17.7％[6]、合格者の 29～35％、徴兵相当人員からするとわずか 3.2％[7]にすぎなかった。

　つまり、徴兵相当人員の約 80％が免除され、約 20％の受験者のうちの合格者は半分程度、そしてその合格者の 3 人に 1 人しか現役兵にならなかったのである。

　これを 1887 年までみると、現役兵は徴兵相当者の 2～7％台で推移している[8]。

　この現役兵の数は、日本軍が参考にしたプロイセンの 1861 年の現役徴集兵 5 万 9459 人[9]に比べてもかなり少ない。

　加藤は、この現役兵の少ない理由を、国家財政が不十分のうえに、士族反乱・対外賠償・正貨流出に苦しんでいた政府にとって、1 年間も養い教育すべき兵士の数を多くとれなかったこと、また軍事費の大部分が近代的兵器の購入に充てられた[10]こととし、明治前期の約 1 万弱人程度の現役兵は、もともと、この程度しかとらないという軍の意思だったとしている[11]。

　政府は、1889（明治 22）年の徴兵令改正で免除規定はすべてなくし、徴兵検査受験者は増加させたが、3 年後の 1892 年の現役兵は 1 万 9000 人で、懲兵相当人数の 5.1％[12]にすぎず、ここでも、少数精鋭主義は貫かれている。

そして、1873年には現役3年、後備役2年の5年だったものを、1889年徴兵令改正では陸軍の場合、現役を3年、予備役を4年、後備役5年と12年に延ばし、現役兵として養わなければならない人員は増やさずに軍が動員できる兵士を確保したのである。
　このように、明治前期には現役兵の何倍も徴兵検査を受ける者がいたこと、当初の免除規定をなくして徴兵検査を受ける者を増やした後は、厳しい徴兵検査によって精鋭を合格者とすることができ、合格者のなかからさらに少数選択して徴兵していたのであり、あえて母数になる徴兵相当人数＝男子人口を増やさなくてもよかったことは、明らかである。
　その後日露戦争の動員の必要から1904年戦時中に現役兵を2万2000人に増やしている[13]。さらに第一次世界大戦の経験を経て、1918（大正7）年の徴兵令改正の議論のなかで総動員体制の必要性についての議論が提起されたが、陸軍はむしろ否定的で、精鋭主義を維持[14]している。
　徴兵の母体たる壮丁の数を増やそうというような議論は、大正期までは、存在しなかったのである。

2．移民と人口政策

　周知のように近世期はいわゆる鎖国令によって日本人の海外渡航は厳しく制限されていた。この鎖国令は幕末1866（慶応2）年4月の触達により、以後は学科修業や商業のため一時的に海外へ行くことは許されることになった。この触達後、同年5月、アメリカ・イギリス・フランス・オランダの4か国との改税約書締結の際、在留外国人の雇人となっている日本人の渡航が認められることになり、雇用移住の原型ができた。まもなくこれが拡大され、雇主の外国人が日本にいても、日本人は作業員として外国船に乗り込めるようなった[15]。
　事実上の移民が始まったのである。
　アメリカ領事館員として来日したヴァンリードは、新聞に広告を出して移民の斡旋を行い、1868（明治元）年5月にはハワイ153人、およびグァム島に移民がされた[16]。

維新政府は当初、外国人による中国人労働者の人身売買などの例もあり、外国人に「欺かれる」かもしれないと警戒し、またハワイに渡った3人が自殺したことを知り、翌1869年には使節をハワイに送ってハワイ政府と労働条件など折衝、残留希望者日113人の待遇改善を約束させ[17]、1871年8月に、日本・ハワイ修好通商条約を締結した[18]。維新政府は、ハワイ移民を抑制しないことにしたのである。
　もっとも、移民は抑制しないが、当初は自国領土内の植民に力を注ぎ1869年北海道開拓使を設け、北海道への植民を優先した。
　1881年の松方デフレ政策で土地を失った農民家族の困窮が深まり、日本の為政者のなかからは人口過剰の解決を海外移民に頼る意見[19]が出され、また正貨獲得手段として海外移民の日本への外貨送金があることに気づいて1885年1月には日・ハワイ移民条約を結び、ハワイへの労働契約移民を公式に認めることになった[20]。
　1885年1月には条約締結後第1回の移民946人がハワイに渡り、政府はその後も斡旋を続けて以後1894年までの10年間で約3万人の移民を送り出した。政府が斡旋したこれらの人は「官約移民」といわれている[21]。
　明治前期の政府は、積極的に海外移民を斡旋したというべきだろう。
　1891年には、政府は外務省に移民課を設置し、民間の移民会社の創設への対応を始めることになった。
　初めての民間移民会社・吉佐移民合名会社はフィジー島の甘蔗園の労働者として305人を斡旋したが、当地死亡者81人、船中死亡者25人[22]が出るという過酷な状況であった。
　日本国内で生活できる仕事を求めることがいかに困難であったかが想像される。外務省は移民の過酷労働を知りながらも、吉佐移民合名会社などの民間会社の活動を差し止めることをせず、むしろその活動を後押しした。
　アメリカへは、1869年にスネールの斡旋で、戊辰戦争で敗れた会津藩士の一団が海外亡命のように渡ったが、その後賃金の高いアメリカへの移民は、1890年代に急増し、1904年には累計5万3764人が記録されている[23]。
　カナダへの最初の日本移民は1877年のこととされている[24]。
　1899年にはペルーに790人が渡航した。226人が移民したある農場では過酷な労働で40人が死亡し、病気になる者も続出したので、在メキシコ日本

領事館書記が外務省に対して民間会社に勧告して全員帰国させるよう要請を行った(25)。だが、外務省は帰国のための措置を何らとることはなく、民間会社にもその力はなかった。移民は事実上棄民であった。政府はその後も、ペルーへの移民を認め、民間会社に移民承諾を続けている。

ハワイについては、ハワイ政府が日本人移民の増加を憂慮するようになり、1894年には官約移民を廃止したため、日本政府は以後は民間移民会社を通した契約移民とした。この民間会社移民時代の契約移民は1900年に廃止された。これらで渡航した人数は12万5000人と推測されている(26)。

1908年からはブラジルへの移民が始まった。同年4月、第1回の781人がブラジルに向かい、第二次世界大戦により中断されるまでブラジル移住は続き、ほぼ19万人が移住したとされる(27)。

以上のように、明治期の人口に関する国家政策は、人口増加策どころか棄民的移民政策をとっていたといえよう。

第2節　公衆衛生に関する国家政策

1. 医療制の近代化と産婆の堕胎禁止令

明治期の人口増加の原因を堕胎罪の制定に求める議論は、1868（明治元）年の産婆堕胎禁止令も人口増加策としての堕胎禁止だと位置づけている。しかし、産婆の堕胎禁止令は、同時期に医師制度を定めた医制とともに、近代的医療制度を確立しようとする明治政府の公衆衛生政策の一環としてなされたものであり、堕胎を禁じるためになされたものではなかった。以下、明治政府の医療制度の近代化政策を概観する。

1 明治政府の西洋医学採用

幕末から明治への転換期には、疱瘡やコレラなどの伝染病の流行があり、舶来医薬信仰もあって開国以後は西洋薬品が流行した。それゆえに西洋薬品

に似せた「不良薬品の横行」[28]があったが、幕府による取締りは行われていなかった。

1868（明治元）年12月7日、太政官はその混乱の様相を「近世　不学無術の徒　みだりに方薬を弄し　生命を誤り候者　往々不少」[29]と指摘している。この時期、家法相伝の経験の範囲を超えて西洋薬の取扱いに新しい知識と専門性が必要になってきており、開港地での薬品鑑別の試み等、新政府は維新体制を確立する改革として医療体制の「近代化」に着手せざるをえなかった。

維新政府は1868年1月にはすでに、戦争時の鉄砲などによる負傷者を治療する外科手術中心の西洋医術採用を決め、1868年12月7日には府藩県などが西洋医学所を建設する際には、「医業之徒」に国家免許制度を導入せよとした[30]。

その19日後の12月26日、「元来　産婆は人の性命にも相拘　職業」[31]とし、産婆も母子生命リスクのある出産を介助する「医業之徒」として国家資格の導入をめざした。同時に医療行為と薬取扱いが分離している西洋医学の方針に倣い、「売薬之世話」は薬業者に、堕胎施術は医療行為として医師に担わせた。

出産は病ではないとはいえ、当時は「棺桶に片足を入れて産む」[32]といわれるように、妊婦の状態で慢性および急性疾患による妊産婦死亡や、出産後に感染により高熱を発する産褥熱で死亡する産婦が多かった[33]。また新生児が死亡することも多かった。出産介助は、家族や共同体の相互扶助や、出産経験者で老練な女性、とりあげばば（穏婆）[34]たちによってなされていたが、近世後半期以降は、都市部を中心に出産介助を職業とする産婆が出現しつつあった。だが、そうした産婆のなかには売薬を使用して母体の治療や新生児の治療を行う者や、堕胎を行う者もおり、その弊害もあったのである[35]。

太政官は、新しく西洋医術を採用するにあたり、母子の生命リスクに対応すべく、医師に堕胎施術を、薬業者に売薬取扱いを、産婆には出産介助を割り当て、産婆が「売薬の世話又は堕胎の取扱等致」すことを禁止し、禁を破ったときには、取調べのうえ罰することにしたのである[36]。

2 医制の布達

　医師、薬業者、産婆の免許制は、1874（明治7）年、まず東京・大阪・京都の三府に布達された「医制」において規定された。医制は、岩倉米欧使節団一行の随員となった長与専斎が、西欧諸国で見分した国民一般の健康保護を担当する行政組織を日本にもつくるべく、文部省衛生局二代局長として示した医療・衛生行政の構想・方針である[37]。

　医制の構成は、第一医学校、第二教員、第三医師、第四薬舗付売薬となっている。第三の医師に関しては西洋医学を学び試験して合格者に免許状を与えることにし[38]、漢方医など「従来開業の医師」にはそのまま仮免状が与えられることになった。

　産婆については、「四十歳以上にして婦人小児の解剖生理及び病理の大意に通じ、産科医の出す実験証書――産科医の眼前にて平産十人難産二人を取扱ひたるもの――を所持するもの」[39]を試験して合格者に内務省の免許状を出すことにした。「従来営業の産婆」には当分の間、仮免状を与え、医師と同様に診察料金を受け取ることができる職業とした[40]。

　翌1875年、衛生局が文部省から内務省に移管されたため、医制は医学教育部門を切り離して、1876年2月に内務省から全国各府県にも布達され、全国的に医療の近代化が進んでいく。

2．公衆衛生と産婆

1 産婆の養成

　内務省は、従来から力量のある産婆の存在を「仮免許者」として認める一方、西洋医学に基づく免許産婆を養成しようとした。だが、実際は産婆の国家資格免許のための試験は行わなかった。男性兵士の外科手術を行う医師の養成に力を注ぎ、女・子どもの生命リスク出産にかかわる産婆養成を後回しにしたのである。

　ただ、医師をめざし西洋医学の知識を持つ女性には、内務省が個別に判断

して産婆免許を出す場合もあった。医師開業試験合格をめざしていた高橋瑞子は、途中で内務省の試験を受けて内務省免許産婆となり、産婆業で稼ぎながら医師試験に合格して医師となった[41]。医師開業試験をめざす女性は、医師開業試験には受からなくても途中で個別に内務省産婆資格を取る者もいた。ただ、産婆免許国家統一試験は実際には行われなかった。そのために、各都道府県が対応するようになった。

東京府においては、1876（明治9）年9月14日、芝愛宕下の東京府病院内において、ドイツ留学から帰国した産科医・原桂仙を講師として産婆教授所が設けられ[42]、従来開業の産婆の「技術教授　並に試験之上」仮免状を出すことにした[43]。同時に、年齢が「二〇歳以上三〇歳以下」でひらがなとカタカナを読める産婆志願者を生徒として出願させ、授業料はなしで消毒法など西洋医術を学んだ産婆の養成がめざされた[44]。

1877年、東京府は、東京府知事が出す地方官免許の産婆試験を行ったが、専門職としての要求知識水準はかなり高く、合格者は少ない[45]。とはいえ、1885年には、東京府15区6郡内の免許産婆は117人、仮免許産婆は404人となっている[46]。

公立の医学校で産婆養成が始められるのは、大阪府、新潟県、札幌などの病院である。新潟県では、在地の老練者による相互扶助的出産介助がほとんどであったが、1876年から県立新潟医学校で産婆養成が開始され、まず、従来からの老練者たちには簡単な問答で仮免許が与えられた。

1879年からは西洋医学の訓練を受けて免許[47]を持つ河野貞が東京府より教官として招かれ産婆学の教育にあたり、老練者たちに仮免許を与えている[48]。さらに、1880年になると新潟医学校校長として赴任した産科医山崎元脩が産婆教場（のち産婆学校）を設置し、81年から産婆養成が開始された。生徒は20歳以上35歳以下で、県下の各郡から2人ずつ選ばれ、それぞれに学費2円51銭が支給され、1883年に16名が産婆教場を卒業した後、内務省の産婆免許を取っている[49]。

「産婆ノ者売薬ノ世話又ハ堕胎」禁止令は、従来は、売薬を堕胎薬と理解して産婆の薬使用による堕胎禁止に重点を置いて理解されてきた。だが、以上で明らかにしたように、この令は、まず売薬の取扱は売薬業者の専務とし、産婆は出産という母子生命リスクのある出産にかかわる医療的職業人と

して政府の近代的医療改革のなかに位置づけるものである。

医制を経て、産婆は医師や薬舗と同様に医療従事者の一翼として処遇されることになったが、これは産婆制度の整備を通じて、女性の生命にかかわる出産が近代的医療体系のなかに位置づけられることでもあった。

2 地方官免許産婆の誕生——産婆規則の発布

明治後期になると死産や乳児死亡の増加の場に直接的に立ち会っている医師や産婆から出生哺育環境の悪化に対する危惧が出てきた。従来産婆の高齢化による自然減少に備える側面もあって、医療的訓練を受けた産婆の養成への動きは各府県からも起こった。

内務省衛生局は、医師会や県会などからの要望に対し「産婆は従来各地域適宜の取締に一任ありしも一定の制度を設くるの必要」を認め、1899（明治32）年7月18日に勅令産婆規則を、9月6日に省令産婆試験規則と省令産婆登録規則を定めた。

これらの規則はそれまで内務省が統一国家試験として行わなかった産婆免許試験を、各道府県知事が各道府県の実情に応じて行い、各道府県知事が免許状を出し、道府県知事の免許を得た産婆は自己が営業しようとする各道府県に登録するというものである。

産婆試験規則では、学説試験科目に初生児の異常に対応する看護法と消毒法が新たな必須科目として加えられ、学説に合格した者が実地試験を受けることになっている。

だが、これらの規則発布以降も、学説試験への応募者が少ないことや、実地試験のための出産「実地」教育が不十分なため、実地試験合格者は少なく、各府県知事免許産婆はなかなか増えなかった。そのため、内務省は、盛岡市岩手病院が出産実地教育に協力した妊婦の出産費用を無料化して実をあげた経験に学び、1910年5月4日、病院に付属する産婆学校など「内務大臣の指定したる学校又は講習場を卒業したる者」[50]には、試験なく産婆免許を与えることに決めた。さらに、1912年に内務省は私立産婆学校産婆講習所指定規則を出し、私立の産婆学校や講習所を増やして産婆資格を取りやすくした。

日露戦争戦死者の未亡人の生活困難が顕在化したため、1910年代は職業に就こうとする女性が増えて女子職業熱の勃興期と呼ばれるが、そんな風潮のなかで、職業者として自立できる各道府県知事免許産婆は増えていき、出産の場に医療従事者が対応することが普及していった。

3．乳児死亡調査開始——公衆衛生の確立へ

① 乳児死亡調査の開始

「医制」には、母子生命リスクに対応するものとして死産調査が決められていた。だが、医制布告後、衛生局が最も力を注がなければならなかったのはコレラなどの伝染病対策で、「殆ど他の事業を拡張整理する暇なし」[51]という状況下、女性の生死にかかわる死産調査は事実上棚上げにされ、1880（明治13）年からの調査となる。

死産調査とともに満1歳の誕生日を迎える前の乳児の段階で死亡する乳児死亡調査も始まることになった。死産調査は何か月からを死産とするか、届け出はどうするかなど統計的にはっきりしないことが多いので、ここでは乳児死亡調査の方をみておく。

乳児死亡人数は、基本的に医師や産婆が把握した人数で、医者にかからず死亡した者は含まれていないから、もとより正確なものではなく、統計上にあらわれた人数は実際よりも少ない。1880年度に把握された全国乳児死亡人数は7万7048人である（ちなみに2012年は2299人）。死亡原因の統計表を一見しただけで、乳児の死亡は、12月、1月、2月、3月と寒い季節に多いことや、伝染病、発達不良等と11種に分けられた病類のうちどの病気による死亡が多いかが判明する。こうした病気に対応すべく調査が実施されたのである。

乳児死亡の割合は、つづく1882（明治15）年の調査結果を掲載した『第八次衛生局年報』において初めて算出された。そして、出生児数の曖昧な県を除いた3府27県の乳児死亡率は90.7パーミル（出生児1000人比）、男女の区別では、どの府県も男子の方が多く死亡する。府県別では、東京府が最高で

190パーミルである。都市の東京では乳児5人に約1人が死亡していたということになる。『第九次衛生局年報』(1883年度調査報告)では、1880年全国平均96.2パーミル、1883年度は全国平均97.8パーミルとされる。

2 西欧諸国との比較

　西欧諸国との比較は、東京大学生理学部教授・古川栄によって1887(明治20)年に行われたのが最初である。

　古川は、この前年1886年の東京府15区6郡における2歳以下死亡数の、総死亡に対する割合を29.5％と算出し、ロンドンの1861～70年の2歳以下死亡の総死亡に対する割合33％、ベルリンの1861～78年同39％と比較して、「本邦の小児死亡数　比較的大ならず」[52]と結論づけた。この時期、産業革命期のベルリンでは総死亡の実に40％近くを2歳以下の子の死亡が占めるという状態だったのである。

　さらに古川は、ドイツのアルテル氏の養育の種類と乳児死亡との関連についての調査に言及する。アルテル氏の調査とは次頁表に示したもので、これを引用して[53]、ドイツでは、女工の増加や女権の発達が母乳哺育を減少させて小児死亡を増加させていると考えられていることを紹介し、日本の小児死亡率の低さは、「母乳をもって養育すること多きと、授乳期の永きとに(三年以下は稀なり)基因するならん」[54]とした。

　ドイツでは母乳哺育でないゆえに乳児死亡率が高い、日本においては母乳哺育ゆえに乳児死亡率が低いという説が国家認識になっていったことは、のちに1911年開催のドレスデン万国衛生博覧会に内閣統計局が提出した『衛生統計に関する描書図並統計表』の「説明」において、1910年当時「外国の人が、日本は母親自身に其乳房を以て乳児を哺育する。それ故に乳児の死亡が甚だ少ないであらうと言ふております」[55]とされていることからも判明する。

　衛生局の死産および乳児死亡調査は、母子生命への着目から発するもので、自然死産や乳児死亡の原因を探り、西欧諸国との比較をしながら、これらを防ぎ減少させようとする衛生官僚たちの情熱の反映であった。

　死産や乳児死亡を減少させることを軍国主義の強化に向けての人口増加策

表3-1　ドイツにおけるアルテル氏調査
　　　　養育の種類と乳児死亡との関連（19世紀半ば）

発育種類	上	中	下	乳児死亡 (1000人比パーミル)
産母乳	610	190	118	82
乳母乳	260	254	306	180
人工栄養	90	147	263	510

と考えるならば、軍国主義の強化にしたがって、衛生官僚たちがめざす医療行政の整備もなされていくはずである。だが、実態はむしろ反対であった。

4．保健衛生調査会の発足へ

1 軍国主義化と衛生・教育行政の後退

　自由民権運動への対抗から国会開催を決め、朝鮮半島への軍事的介入をうかがう政府は、1881（明治14）年以降、行政の集権化を図り、財政を軍備増強へと集中させ、大きく政策を転換した。いわゆる松方デフレ政策は軍備増強に財政を注ぎ込み、その結果、重税と米価大暴落とで農村を大不況に陥れて地方財政を破綻させ、衛生や教育分野の予算を減少させた。時の伊藤博文内閣は地方自治を否定して1886年に地方衛生委員会と統計院を廃止し、この後、地方衛生事務は警察管理のもとに入った。

　1884年までに公立医学校は30校設置されていたが、1889年には大阪、京都、愛知の3校以外は廃止されている[56]。1888年に廃校となった県立新潟医学校付属施設で産婆養成にあたっていた免許産婆笹川スミは、養成所継続を県に働きかけ奔走したが果たせず、ついには自宅に私設産婆養成所をつくらざるをえなかった[57]。

　また、統計院が廃止されたため公的統計業務も縮小された。1891年に発刊された『第九次衛生局年報』から4年間の空白を経て刊行された『衛生局年報』は、3年半分の年報であるにもかかわらず、質量ともに貧弱なもので、1884年と85年の死産数・乳児死亡数ともに統計掲載はない。

公立医学校の設立、その付属機関での産婆の教育養成、自治的衛生委員の公選、死産や乳児死亡調査などがめざしたものは、母子生命の増進に発し、近代的医療行政を形成していくことであった。それこそが文明開化と考える明治前期の衛生官僚たちの意図は、現実の軍備増強政策による財政圧迫と中央集権化のもとで挫折し、出生養育に関する行政は大きく後退した。軍備への財政支出が、衛生行政分野の財政を大きく削ったのであった。

2 出生養育の環境悪化に対する国家認識

　地主制のもとでの小作農民家族の困窮や、都市部の女性労働者の出生養育の環境の悪化は、1911（明治44）年開催予定のドレスデン万国衛生博覧会に向けての内閣統計局によって行われた統計整備の過程で明らかになっていく。そこで得られた認識は次のようなものである。

(1) 死産率について：日本の1906年の死産率は9.7%、1888年の約2倍に増加しているのに対し、従来死産率の高かったイギリスやドイツは減少していること。日本の死産率増加の原因は2つあり、1つは、母体自体が梅毒や子宮の淋毒疾患、腎臓・心臓・肺臓の慢性疾患にかかっていること、2つめは、梅毒による胎児の先天性虚弱奇形などの疾病の増加。

(2) 乳児死亡率について：日本は160パーミルに達しつつあるが、一方、ドイツでは1886年ころ208パーミルもあったものが、乳児保護の措置により最近は160パーミル以下に、イギリスは1886年145パーミルであったが、最近118パーミルに下がってきている。だが、「本邦は段々増加」[58]し、増加している所は大都市を包含する地域と東北地域である[59]。乳児死亡の原因は、「先天性弱質の漸次増加の傾向」が顕著であり、先天性弱質の増加の原因は、「母親の身体が十分に健康でなかった」こと。

　そして、母親の身体が健康でない原因を研究する必要性[60]が唱えられている。
　それまでドイツやイギリスより低いとされていた日本の死産率や乳幼児死

亡率が逆転して高くなる傾向を都市部と東北農村部が顕著に示し、さらに性病や結核といった母体の疾病が、先天性弱質児誕生と乳児死亡数増加の原因であることも推測されてきたのである。一方、報告書にはドイツでの乳児保護策が乳児死亡率を下げているという記述もみえ、明治末期には出生養育環境に対して調査研究の必要性を感じる官僚たちもあらわれた。

③ 内務省による保健衛生調査会設置

1909（明治42）年には、農商務省嘱託医の石原修による「出稼ぎ女工の帰郷原因並びに健康」に関する調査で、女工が帰郷した農村における結核の蔓延が明らかとなり、女性工場労働者の結核問題を浮上させた。これを根拠として中央衛生会は、1909年11月、工場法案に「一六歳未満の女子の夜業禁止」の修正案を入れることを提言している[61]。

だが、まだ1911年段階では、海軍軍医総監の高木兼寛でさえも、女子労働者が夜業に従事して健康をそこねたかどうかは不明であり、「之がために国民兵の軍役に従事する者の　体格までも不完全になるという慮は　全然無かろう」[62]と考えており、社会的要因による女性の健康問題と乳児死亡や成人男子体格との関連は、問題視されていない。

工場法は1911年3月に深夜業禁止条項を入れて成立したものの、施行は16年まで延ばされ、そのうえ施行後10年間は深夜業禁止は猶予というものであった。

1913（大正2）年には工場法を早期に施行させるために、医師の石原修が国家医学会において「女工と結核」の報告を行い、また、前出のドレスデン衛生博覧会出品の内閣統計資料をまとめた技官の二階堂保則が、第4回日本医学会において、「小児死亡」[63]と「本邦婦人の妊娠出産に因する死亡」[64]の2つの報告を行った。

二階堂の「小児死亡」の報告は、日本の高死亡率の内容として、乳児死亡の増加傾向にあること、他国に比して「一歳以上二歳迄」の死亡率の著しい増加、胃腸病による死亡が多いことを3つの特徴としてあげるものであった。

「妊娠出産に因する死亡」の内容は、イギリス・ドイツなどの外国に比し

て「妊娠及び産に因する死亡数は高くない」と結論づけるものであった[65]。これがその後、イギリス・ドイツよりも妊産婦保護が遅れていく一因となった。だが一方、工場法の早期実現に向けて行われ出生哺育環境の悪化を指摘したこれらの報告は、内務省衛生局に保健衛生調査会を設立させる直接の契機となった。

1915年、内務省衛生局は、欧州での「生産率減耗」による人口減少問題に関連して、日本の人口問題も、晩婚の増加、青壮年および1歳以上幼年者の高死亡率、生殖年代にある女性の結核性疾患による将来の日本の「生産率の減耗」[66]が予想されるという認識に至った。

その調査のため予算を要求し、翌16年6月に保健衛生調査会官制を発足させ、乳幼児・学童・青年・結核・花柳病（性病）など8部会を設けて調査に着手したのである。

保健衛生調査会は、国力・兵力としての将来人口の減少への危惧から設置されたものである。だが、大正デモクラシーのもとで行われていく行政官の調査研究および各都道府県で行われた調査活動によって、出生養育環境の改良に対する政策の模索が始まっていくのである。

おわりに

明治期における人口に関する国家政策は人口増加を目標としたものとは考えられない。

人口増加を必要としたとする議論が根拠とする徴兵も少数精鋭主義であり、現実に徴兵する者は合格者の一部であり、兵員の確保のために人口増加が必要だなどとは考えられもしなかったのである。直接人口を減少させる移民についても、過剰人口の処理方法として推奨されこそすれ、抑制はされなかった。国家政策による人口増加という議論が、いかに事実に反するものであるかは、明らかだろう。

開明官僚を中心とする死産調査や乳児死亡調査および産婆の免許職業化への試みは、医療体制を近代化し国民の健康増進に対する関心から発するもの

であった。

　明治前期には、母子衛生など出生養育に関する衛生行政は少なくとも軍備増強のためとは考えられていない。むしろ松方デフレ政策による本源的蓄積の展開および軍備増強策が始まると、反対に公衆衛生に対する行政は後退し、日清・日露戦争間の産業革命期およびそれ以降には母子の出生養育環境は悪化していった。

　出生養育環境が、徴兵制のもとでの兵士の健康や人口問題と関連づけられ、国家政策としての対応が始まるのは大正期に入った1916（大正5）年の保健衛生調査会の発足からであった。

（1）加藤陽子『徴兵制と近代日本』吉川弘文館、1996年、4頁。
（2）同前、65頁。
（3）同前、65頁。
（4）同前、66頁のグラフ4「徴集人員（陸軍）」から1916年以降の受験人員と合格者が判明する。
（5）同前、20頁のグラフ2「現役徴集人員（陸軍）」。
（6）同前、65頁。
（7）同前、20頁。
（8）同前、20頁。
（9）同前、22頁。
（10）同前、21頁。
（11）同前、67頁。
（12）同前、20頁。
（13）同前、146頁。
（14）同前、179頁。
（15）若槻康雄・鈴木譲二『海外移住政策史論』福村出版、1975年、53頁。
（16）同前、54頁。
（17）中嶋弓子『ハワイ　さまよえる楽園』東京書籍、1993年、135頁。
（18）同前、136頁。
（19）同前、137頁。
（20）同前、137頁。
（21）同前、138頁。

(22) 前掲若槻康雄・鈴木譲二『海外移住政策史論』55 頁。
(23) 同前、61 頁。
(24) 同前、62 頁。
(25) 同前、57 頁。
(26) 矢口祐人『ハワイの歴史と文化』中公新書、2002 年、26 頁。
(27) 前掲加藤陽子『徴兵制と近代日本』65 頁。
(28) 川上武『現代日本医療史』勁草書房、1965 年、206 頁。
(29) 『法令全書』明治元年 12 月 7 日太政官布告 1039 号。
(30) 同前。「規則相建　学之成否　術之工拙を篤と試考し　免許有之候ならでは其業を行ふ事　不相成」。
(31) 『法令全書』明治元年 12 月 26 日行政官布達 1138 号。
(32) 恩賜財団母子愛育会編『日本産育習俗資料集成』ぎょうせい、1977 年、97 頁。
(33) その統計は厚生省大臣官房統計情報部編『人口動態 100 年の歩み』厚生省大臣官房統計情報部、2001 年、314 頁。
(34) 『古事類苑』方技部、732 頁。
(35) 堕胎による死亡については、1869 年 8 月に、九州日田県の医師諫山東作らが「処女寡婦が廉恥を立たせんと欲して胎児を堕し、不慮の変死」等が多くあることを指摘している（武石繁次『豊後日田　永山布政史料下巻』私家版、1937 年）。
(36) 史料は「右様の所業於有之は　御取糺之上　屹度御咎可有之」。明治元年の産婆取締りを、当論文と同様に産婆の職業化とみるのは、大林道子「明治元年の産婆取り締まりの意図（前編）（後編）」（『助産雑誌』第 63 巻第 3 号・第 4 号、2009 年）。
(37) 『松本順自伝・長与専斎自伝』平凡社、東洋文庫 386、1980 年、134 頁。
(38) 1874 年布達医制 37 条「医学卒業の証書　及び内科外科眼科産科医等　専門の科目二箇年以上実験之証書を所持する者」。
(39) 医制 50 条。
(40) 医制は、『法規分類大全』衛生門 [1] 41 条、222〜235 頁。
(41) 日本女医史編纂委員会編『日本女医史』日本女医会本部、1962 年、70 頁。
(42) 緒方正清『日本産科学史』（財団法人洪庵記念会、1980 年復刻）1083 頁。
(43) 明治九年九月一四日　東京府布達九四号『法規分類大全』衛生門 [1]、341 頁。
(44) 明治九年一一月二九日　東京府　布達一三八号『法規分類大全』衛生門 [1]、341 頁。
(45) 1997 年 11 月 9 日、片倉比佐子氏発表、東京府病院での「間中よね試験問答」からのご教示。
(46) 『東京府統計書』明治一八年度、266 頁。
(47) 河野貞の免許は、内務省が出したものと思われる。

(48) 蒲原宏『新潟県助産婦看護婦保健婦史』刊行委員会、1967 年。
(49) 同前、52 頁。
(50) 『衛生局年報』(明治三二年度) 51 頁。
(51) 『衛生局第三次年報』取扱い期間 1877 ～ 1878 年、1881 年刊行。なお『衛生局年報』は 1992 年に東洋書林より復刻されている。本稿は総務省統計局資料室所蔵の原本を閲覧した。
(52) 古河栄「小児の死亡数」(『東京医事新誌』458 号、1887 年)。
(53) 古河栄「小児の栄養」(『東京医事新誌』465 号、1887 年)。
(54) 古河栄「小児の死亡数 (続)」(『東京医事新誌』459 号、1887 年)。
(55) 『衛生統計に関する描書図並統計表』東京統計協会出版部、1911 年、12 頁。
(56) 厚生省五十年史編集委員会編集『厚生省五十年史　記述篇』財団法人厚生問題研究会、1988 年、132 頁。
(57) 前掲蒲原宏『新潟県助産婦看護婦保健婦史』。
(58) 前掲『衛生統計に関する描書図並統計表』「説明」9 ～ 10 頁。
(59) 同前、13 頁。
(60) 同前、41 頁。
(61) 篭山京「解説」(『生活古典叢書 5　女工と結核』光生館、1907 年)。
(62) 貴族院工場法案、特別委員会会議事速記録第 5 号、明治 44 年 3 月 16 日『帝国議会貴族院委員会速記録』。
(63) 二階堂保則「本邦小児死亡の趨勢」(『日本衛生学会雑誌』10 巻、1914 年)。
(64) 二階堂保則「本邦人ノ女ノ死亡就中其結核性疾患及妊娠産ニ因スル死亡ニ就テ」(『日本衛生学会雑誌』10 巻、1914 年)。
(65) 妊産婦死亡は、ここで外国より低いとされたため、以後社会的問題として議論されることはなかった。社会的問題とされたのは戦後の 1965 年、母子保健法においてである。妊産婦死亡の減少への努力の研究は女性史の大きな課題であろう。
(66) 「保健衛生調査の必要」(『東京医事新誌』1963 号、1915 年)。

第4章

労働者家族・新中間層家族の形成と計画的出生への志向

第1節　労働者家族・新中間層家族の形成

1．安定的労働者家族の形成

①　1910年代の労働者家族についての家計調査

　職工層や下級官公吏（公務員）など労働者の世帯において、安定的再生産システムとしての家族の形成がみられるようになるのは、産業革命後の1910（明治43）年前後からである。この時期には、職工家族の家計調査が社会政策的に関心を持たれ、東京においては、1910年に稲葉良太郎「工人の生計」[1]、1911年の内務省「職工家庭調査」[2]、1912年農商務省工務局長・岡実「職工の生計状態」[3]などいくつかの調査が行われた。

　これらの一連の調査の家計分析を行った経済学の中川清は、1910年代に入ると基幹的重化学工業の職工の世帯の生活状態は世帯主収入に家族収入を加え「夫婦と子ども」という単位で8割以上が2室以上の普通長屋に住み、飲食費を切り詰めても被服費や衛生費、教育費を捻出するという「生活上の緊張」[4]によって、学齢期の子どもは小学校に通わせるという生活を形成していることを明らかにしている[5]。

　中川のいう飲食費を切り詰めても被服費や衛生費、教育費を捻出するような生活上の緊張とは、夫婦と子どもが互いの生存を確保するため、夫婦が自己の状況を認識して家計を予算化し、病気や緊急時や、子の将来の教育費の

ために少額でも貯金をし、怪我にそなえて障害保険に入るなど将来生活を設計して、そのために努力する自律的生活態度を持つことである。

「生活上の緊張」という自律的生活態度を持って、夫婦と子どものお互いの生存を確保し安定的に家族生活を送ろうとする労働者家族が形成されてきたのである。

労働者家族が夫婦と子どものお互いの安定的生存を確保しようとするのは今日では当たり前のことだが、この家族像は歴史的に形成されてきたものなのである。

1914（大正3）年夏のヨーロッパを中心とした第一次世界大戦の勃発は、日本の資本主義経済をよりいっそう活発化させた。それまで女性労働者中心だった紡績などの軽工業に対して、男性労働が中心となる製鉄・鉄鋼など金属工業や造船業、石炭などの鉱業や電力や化学などの基幹的重化学工業が拡大し、そこで働く男性の会社員や職工が増加していった。

こうした男性の会社員や職工たちは都市部に定住し、結婚して都市部において家族を形成した。このようにして夫は外に勤めに行き、妻は主に家庭にいて家事や育児、内職や賃稼ぎなどをする、職場と住居が分離した、性別役割分担に基づく生活設計をする労働者家族が社会的な層としてあらわれてくる。

大工など旧来型職人層をも対象にして1916年に東大教授で社会統計学者の高野岩三郎が行った「東京における二十職工家計調査」[6]によれば、造船所や機械工場の職工および大工や理髪業などの職人層でも、その過半数は「家族員以外に異分子を交えずして単純なる家計を営む」[7]家族となっており、妻の賃稼ぎや内職なども加えた収入により学齢期にある子は小学校に通わせるという養育の生活を成り立たせていた。

基幹的重化学工業の職工の家族では、賃金は日給で計算されるが支払は1か月分まとめて行われる日給月給制も出現し、借家だが2室以上の普通長屋に8割以上が住み、飲食費を切り詰めても薬などの衛生費や教育費を捻出している[8]。

2 日給月給制の労働者家族の形成

これらの家計調査は平均化されているため具体的イメージがわきにくいの

で、1916（大正5）年に東京家政研究会が刊行した『貯金ができる生活法』[9]より、職工も含む「職人の生活実例」や、郵便局員や刑事巡査、鉄道職員などの下級の「官公吏の生活実例」から具体例を出してみよう。

〈日給月給制の職工の事例〉
A　日給八〇銭の印刷職工（東京市）、家族二人（夫婦）
　二人世帯。固定日給制なので月に二四～五円の月給と予算化できる。妻の仕立物内職金約三円とともに間借りに住む。妻の内職金は将来の出産、養育費として貯金する。近々増給あれば生命保険に入る予定[10]。

〈月給制の職工の事例〉
B　月給四〇円の鉄工場職人（大阪）。家族は妻と、六歳、二歳の子二人
　家賃九円の借家に二人の下宿人を置き下宿料一五円。妻名義三円の貯金、夫は休まず勤務するので賞与金が二季有り、傷害保険に入り夫の怪我に備える。被服は当分は造らぬと妻が覚悟し、低い身分ながら一家の基礎として五〇〇円の貯蓄をもっていると自負[11]。

〈日給制の職人の事例〉
C　日給九〇銭の大工職人（東京）、夫婦と四歳の子一人
　宵越しの金を持たぬという職人気質を脱するべく、仕事のない日も予定に入れて一月の収入を二五円と予算化する。育児をしながら妻の行う麻糸つなぎの内職二円とによる家計、苦心に堪え貯金し怪我に備える[12]。

〈日給制の下級官公吏〉
D　日給四五銭の郵便局員（東京市）、家族夫婦の二人
　新家庭は間借り六畳で結婚後二年。最初、不足分を郷里に無心したが今は妻の内職もあり自立した。夜ふかしで蕎麦を取るなどやめ、月五円の貯金、将来の出産費用として月々五十銭の準備貯金をする[13]。

〈月給制の下級官公吏〉
E　月給一九円の大阪府巡査、家族は夫婦のみ（大阪）、結婚六年目

妻は工場女工となり日給三〇銭くらいとって七〇〇円貯金。何時転任になろうと職を免ぜられようと狼狽しない準備あり[14]。

　Aの印刷職工は、ひと月の収入が固定的となる日給月給制となっており、月々の予算が立てられている。住居は借家、間借りにしても家賃は「月払い」である。皆勤賞があるので賃金支払い翌日も休まず勤勉に働き、年功加給なので翌年の予算を立てることができる。家からの援助は受けず夫婦で自立的に生活し、将来の出産や教育が準備計画されている。

　Bの鉄工場職人とEの刑事巡査は、月給制になった職工と下級官公吏である。予算はすべて月単位になっている。Cの大工職人の妻は、大工仲間の病気や死去によりその家族が路頭にさまよう様子を他人事とは考えられぬ思いから、総支出に占める飲食費の割合を34％と極端に切り詰めて生活する努力がされている。

　これらの家族は、夫の稼ぎを主として妻は内職などしながら家事も担う経営がされ、夫婦と子どもの生存を保障する単位となっている。そこに「生活上の緊張」を持って苦労しながら貯金する主婦たちの自律性をみることができる。

3 国勢調査からみる 1920 年の労働者家族

　家族を把握する戸籍は、農村にある家を離れて都市部で結婚して家族をつくった人々も夫の実家の籍に入るものであり、実家の住所地の戸籍に記載するものだったので、1910年代の変化する家族の実態を行政は把握できなくなってきた。

　そこで、内務省は1905（明治38）年以降「世帯」という概念を生み出し、本籍地を離れて移動する人々を把握しようとした。やっと1919（大正8）年9月に「居住と家計を共にする者」を「世帯」とする国勢調査施行令を公布、1920年10月1日の国勢調査実施により、現実に家族生活を営んでいる人々を「世帯」として把握した。

　「世帯」は、「家計を共にするも別に住居を有する者」も一世帯、「住居を共にするが別に家計を立つる者」も一世帯とされる。実際には親に扶養さ

れる子が学生となって他所に下宿している場合は親家族の世帯員には含まれず、反対に同居し家計をともにする家族ではない徒弟や同居人も世帯員に含まれた。したがって世帯＝家族とはいえない。だが一致する割合は8割くらいになるから[15]、1920年の国勢調査時の世帯の有業者構成比が家族構成比と対応すると考えられる。

1920年の全国の有業者構成比は、工鉱業は約21％、農林水産業は約54％、商業は約15％、公務・自由業等（いわゆる新中間層）は約6％、この他若干である[16]。

この比に対応して世帯が構成されていると想定すると、1920年ころ労働者家族は約21％、いわゆる新中間層家族は6％くらいおり、これ以降は日本経済の重化学工業の進展や第三次産業の進展にともなって社会層として増加していく。

新中間層や労働者階層の家族の運営は夫婦中心であり、夫婦は自律的意思により、病気や緊急時に備えて貯金をしたり、子の将来の教育費を準備したり、障害保険や養老保険に入るなどして将来生活が設計された生活を営んでいくので、この家族を「生活設計する自律的経営体としての家族」と規定することができる。

4 労働者家族のスタンダード化

1919（大正8）年から翌20年にかけ、東京の労働者家族の居住地帯の月島（現東京都中央区）において行われた大規模な「月島調査」[17]においても、労働者家族は日給月給制[18]のもと、家賃は月払いで夫婦が安定的に居住と家計をともにし、少額だが貯金や教育費の蓄えがある家庭になっている。平均家族数3.9人、同居の子ども数は平均1.5人である。

同居の子ども数が少ないのは、義務教育を終えた子は職工や職人見習いや商店へ奉公に出し自立させていくためだが、もともとの出生児数も多いわけではない。

1920年代に入ると巨大な資本が営む大企業が政治の場でも支配的な位地を占めるようになり、鉄鋼、電力などの重化学工業や綿紡績業がますます発展し、地方出身の男性工場労働者は増加していった。都市化にともなう交通

運輸労働者や、郵便局員などの下級官吏・公吏なども増え、夫婦で経営する飲食店や八百屋など小売り商店の零細自営業者家族も増加して、都市部に定着していった。

農村の親世代は、娘を農家ばかりには嫁にやりたくないと都市部に出して結婚させ[19]、地方から移動してきて紡績工場などで働いていた女性が同じ工場で働いていた男性と家族を形成し、都市部に定住する場合もあった[20]。また日本経済が植民地台湾・朝鮮・満州などに建設した銀行、南満州鉄道などで働く人が増加するにしたがい、その家族を呼び寄せたり、新しく家族を形成する例がその赴任地に増加していった。

夫婦と数人の未婚の子により構成される労働者家族が、子どもを小学校に安定的に通わせることができるようになったのは、東京においては1920年以降である。

普通の労働者家族でも尋常小学校に通わせるようになり、さらに高等小学校へも通わせるようになった。小学校を卒業した女児には裁縫を習わせたり内職の技能を身につけさせ、男児は高等小学校を出ると工員になれるようになった。

東京の工業地帯深川区大島町（現江東区）は労働者家族の多く住む地域だが、1920年から30年の10年間で人口は2倍になり1930年の人口は4万3000人余り、小学校は3校、児童数は尋常・高等科を合わせて5851人、町の歳出では「教育費」が財政支出では最大の30％も占めるほど[21]、児童の通学が安定的に行われている。

都市部に居住する労働者家族の量的増加を背景に、東京市は1932（昭和7）年に、労働者家族居住地として拡大しつつあった江戸川西部地域の足立・葛飾地域や墨田川東部の亀戸・大島地域などと、新中間層家族が多く住む西南部の渋谷・世田谷・杉並地域など周辺の5郡82町村を20区に編成し旧東京市15区に加えて合計35区の大東京市とした。

大東京市の人口は約550万人、ニューヨークに次ぐ世界第二の人口となった[22]。大阪市は東京に先立ち1925（大正14）年には44か町村を大阪市に編入しており[23]、横浜市は1927（昭和2）年に市域を拡大、区制をとるなど、大都市においては、労働者家族や新中間層家族の居住地となっていく近隣町村との合併を行うほど、労働者家族層や新中間層家族は増大していったので

ある。

　1931年9月の満州事変勃発以後は、紡績工場が電線工場に替わるなど男性労働者中心の軍需工場や鉄工業などが活況を呈し、新しく工業地帯もつくられていく。

　男性労働者の都市部定着と結婚にともない、夫婦と子どもを生存の単位とする家族が全国10大都市[24]を中心に増加し、1930年代後半からは拡大膨張する軍需産業や工場に対応して労働者家族は加速度的に各都市に増加していき[25]、都市部においてはもちろんのこと、全国的にみてもスタンダードな家族となっていく。

　1909（明治42）年244万人だった労働者数は、1920（大正9）年466万6000人、1925年727万1000人、1930（昭和5）年857万5000人、1935年917万5000人と増えていく[26]。増えていくのは男性労働者が大半を占めた。

　1935年の労働者に、「雇」とされる下級公務員84万6000人を加えれば、有業者に占める割合は、51％と半数を占めるようになった。その半分くらいが家族を形成していたとみてよいから、労働者家族は増え続け、家族としてスタンダードになってきているといえる。

　スタンダードな労働者家族とは、夫婦で自立的に出生養育や教育が可能な家族である。基本的には夫婦と未婚の子どもの単位で生活し、自分たちの稼ぎで養えるだけの子どもを計画的に出生し、養育教育しようとする家族である。

2. 新中間層家族の形成

1　新中間層の誕生

　資本主義経済が本格的展開を始める1910年代には、都市部には会社や工場、出版社や新聞社、学校などが建設され、そこで働き管理的業務に就き月給を取る会社員や技術者、新聞記者や中学・高等校学校・女学校などの教師たちが、旧来の上級官公吏に加えて、家産は持たないが安定的な月給で生活する家族を形成していった。

同時期には地方から勉学に来る地主農家の男女や職を求める男女も増えて、受けた教育を基礎に出版業、著述業などの新しい職域を拓いて都市部に定住し、都市家族を形成していった。

　これらの家族は、管理的・知的な職業に就いて月々に定まった月給や収入を取り、妻の多くは家庭にいて家事育児に専念する家族である。これらの家族は、広い意味では労働力を売って生活していく労働者家族であるが、基本的に労働者より収入も多く、社会に対して意見を出し文化をつくりだしていく知的指導層なので、この家族をかつての都市商工業者など旧中間層に模して新中間層家族と呼ぶことが多い。本書においても新中間層家族と呼ぶ。

　都市部で新中間層家族を形成する男女には、従来の家制度の拘束力は弱まり、個人を自由な契約主体とする考えが台頭してきた。

　製糸工場や紡績工場で働く女性労働者は前借金をつけられて親が契約していたが、こうした女性労働ではなく、個人として会社や事務所と契約して月給を取るタイピストや事務員、あるいは学校教師などが出現してきて職業婦人といわれるようになった。

　職業婦人のなかには、妻も外に出て働く共稼ぎ家族をつくる場合もあった。

　これらの新中間層家族は、親と同居する場合もあるが基本的には夫婦と未婚の子どもによって家庭を経営し生存を確保する。月々に定まって入ってくる収入により夫妻の役割分担のもと人生設計をする家族である。

　そのため家計を予算化し、病気や緊急時、子が将来一人前になり自立してやっていけるようにするための教育費用や、さらに自分たちの老後の生活に備える貯金をする、生命保険や養老保険に入るなど、自己の状況を認識して生活を設計し、そのために努力する自律的生活態度を持った。

2 新中間層家族・月給生活家族の生活

　新中間層家族の夫の多くは旧武士層など都市部で育った者、教育を受けるため上京してきた地方名望家や地主農家の二・三男、妻の多くは高等女学校などで良妻賢母主義教育を受けた者である。

　その家族の具体的生活様相を、先述の1916（大正5）年の『貯金のできる生活法』[27]でみると、

大阪に居住し　夫は月給は百十円と労働者の3倍以上の大学出身会社技師　妻は専業主婦
家族五人（夫婦、四歳、一歳の女子　女中）

貯金　二十円	保険月割　六円	賄い費　二十一円	家賃　十五円
点灯料　二円	税金月割　三円	図書費　五円	被服費　五円
主人小遣（交通費、昼食代、各種会費）十二円			交際費　四円
臨時費　四円	娯楽費　三円	雑費　六円	女中給料四円

　日常生活は夫婦と未婚の子に家事使用人の女中を加えた家族生活である。収入の1割以上を貯金し保険もかけ将来設計をしながら、日帰りで宝塚に保養に出かけるなど一家団欒をする。当時の月給生活家庭には家事使用人の女中がいる場合が多かった。

　少しのちの調査になるが、夫が会社員・公務員・自由業・教師等、妻が高等女学校卒業で所帯を持った1930年代の東京の中流家庭では、妻が職業を持つ者は4.7％と少ないが、84％には家事使用人がいる[28]。妻が職業婦人として外に出るときは、自分の子の世話には特別に子守りを雇う場合もあった。

　家事使用人を雇えない賃金の場合、夫は「恩給や年金がない自分たちは病気や子どもの教育、老後に備えて貯金をする、生命保険や養老保険に入る」[29]などの計画を立て、妻は結婚当初から主婦と呼ばれて家事万端を担い、自分の才覚で安くておいしい料理などを工夫し、節約して貯金に励み、新聞や雑誌は近所と交換して読むような生活だった[30]。そんななかで、家計を計画的にするために「家計簿」をつける主婦もあらわれてきた。

　1917年にはこうした新中間層の主婦向けに新しい生活モデルを提供する女性月刊雑誌『主婦之友』が創刊された[31]。『主婦之友』は、家庭の衛生的な生活や妊娠出産についての科学的知識、時間決めの授乳など育児の新知識、子どもの病気の看病法や教育、家計簿のつけ方、栄養のある料理やおやつのつくり方などを満載し、料理は家族への愛情の表現だとして主婦たちの共感を呼んで、この家族層が増加していくにしたがって発行部数を躍進させた[32]。

　そして、家事労働を家庭生活の維持や豊かさのため価値ある領域として誕

生させていった。農業や商業などの家業や、工場など戸外で賃労働と家事労働の二重の負担のもとにあった当時の大多数の主婦たちに比べれば、妻が家事労働に専念するのは合理的な面もあり、労働者家族からみれば憧れのモデルとなった。

第2節　新中間層家族・労働者家族の計画的出生志向

1．新中間層家族の計画的出生志向

1 1914年『産児制限論』出版

1914（大正3）年11月、都市部の新中間層家族に向けて鴨田脩治著『産児制限論　一名避妊の研究』という実用書が出版[33]された。

『産児制限論』は、第一章において「最近は若く教養のある女性が、勤め人の夫の月給60円により、贅沢ではないが衣食に事欠かない生活をするには、子供は一人か二人、またはせいぜい三人と言う」[34]と指摘し、出生抑制のため男女の避妊の必要性を説くものである。そして、コンドームや膣挿入避妊座薬など男女双方のバリア的避妊方法の紹介と、女性用の薬剤や器具の具体的使用方法や、男女双方の永久不妊手術も紹介する。この本の題名が「産児制限」という言葉の嚆矢である。

日露戦争後の1910（明治43）年前後から、都市部には夫婦が中心となり将来生活設計する新中間層家族[35]や安定的労働者家族が形成されてきたが、その家族は月給により生活するものであり、将来生活設計を行い、その生活設計の一環として、産み育てる子の人数についても自律的に計画を立てようとする夫婦の意思が形成されてきたのである。

1910年代の、月給60円程度の一般的月給取り家族では、毎日食べられるというだけでなく、母親も健康で生活も贅沢ではないが衣食に事欠かない程度に安定し、子は大きくなったら何かの職業に就いて自立して稼げるように小学校教育はもちろん、中等・高等教育までも受けさせたいという将来設計

をするだけの生活を持つことができるだけの収入があった。その将来設計のなかで、「子どもは一人か二人かせいぜい三人」が「理想」となっている。

　本書においては、夫婦が将来生活設計をして、子どもをどのように養育するかを決めて、「産まないこと」も含めて子どもを「つくる」ことを計画的出生と呼ぶ。近代社会における計画的出生への志向は、歴史的には1910年代以降に「産児制限」とか「産児調節」という言葉としてあらわれるのだが、1914（大正3）年の避妊方法実用書『産児制限論』の刊行は、計画的出生、産児制限への夫婦の意思が新中間層家族の形成とともに生まれてきていることを如実に示すものである。

　『産児制限論』には、「続けて出産して母体を損ねない」と女性の立場からの序文が寄せられている。これは同時期に女性問題専門雑誌『新真婦人』を発行していた西川文子が書いたものである。

　西川文子（1886～1960）は、社会運動家[36]で著述業の夫・西川光二郎と新中間層家族を営み、1913年から『新真婦人』を発行していた。「少なく産みて多く教育せよとは産児制限の主眼なり」[37]として『産児制限論』の広告を載せていた。この宣伝文は新中間層家族の共感を呼ぶものであった。

　その後、『産児制限論』は版を重ね、1915年6月号の『新真婦人』においては「忽ち四版」[38]と宣伝されている。翌1916年4月には七版が出されている。七版には「避妊に対する諸大家の意見」が付録としてつけられ[39]、避妊の必要性がわかりやすく説かれて大部なものになったがよく売れている。産児制限の名のもとに、計画的出生への志向が広範な夫婦の間に形成されていることを示していよう。

2 新中間層家族の妻・夫の避妊論・堕胎論

　1911（明治44）年9月創刊された女性だけの手でつくられた雑誌『青鞜』に参加した女性たちは、恋愛から結婚生活へと進む自らの新中間層的家族生活のなかで計画的出生への志向を持ち、産まないこと・堕胎をめぐって1915（大正4）年に議論し合った。

　これは従来の女性史では、刑法に堕胎罪がある時代に国家に対して女性たちが「産まない権利」を主張した「堕胎論争」[40]と呼ばれている。だが、

この論争は国家に対して「産まない権利」を主張しただけのものではない。自己の経済生活や現実の身体の経験[41]をもとに、妊娠を望まないときは避妊をどうするか、望まない妊娠をしたら堕胎をどう考えるか、産んだ子はどのように養育するかなどの問題も射程に入れて行われた論争であり、新中間層家族の計画的出生への志向の一端を具体的に示すものであった。

　計画的出生への志向が出てくるこの同時期には、デモクラシーを標榜する『中央公論』『第三帝国』といった雑誌においても避妊の必要論が盛んに説かれている[42]。『中央公論』は月刊の総合雑誌である。『第三帝国』は内に民本主義、外に小日本主義を主張して普通選挙を求める地方小都市住民や自作農家の上層、小学校教員や小官吏などの低額の月給生活者を読者層[43]としていた旬刊誌である。

　1914年の『第三帝国』には、創刊時からの同人で論客の鈴木正吾が「避妊は罪悪か」[44]と問い、「自己の能力を超えて子供を産むのは罪悪」[45]、「避妊政策をすすめること」などと提唱して、家族の経済問題として避妊を勧めた。

　新中間層家族の男女は、自律的に計画的出生によって子の養育を充分に行いたいと思っている。そのために安全で確実な避妊や人工妊娠中絶の方法を求めているのである。

2．避妊に関する社会風潮

1 出版法、売薬法による避妊取締りについて

〈出版法による制限〉

　家族を形成した人々は確実で安全な避妊方法を求めたが、避妊の具体的な方法は社会的には隠蔽されていた。

　避妊など生殖テクノロジーは、明治維新後の文明開化のもと「解剖学的な知識とともに」[46]紹介されていた。だが一方、「避妊」と名のつく書物は1887（明治20）年公布の出版条例に続き1893年公布の出版法により発売禁止とされた。発禁の理由は「風俗紊乱」「猥褻」というものだった。

本に描かれた男女生殖器の図解や避妊器具使用方法の記述内容が、「猥褻」「風俗壊乱」とみなされた。

坐薬を「婦人の局部に挿入」[47] といった表現を国家は風紀紊乱、猥褻とみなしたのである。

〈売薬法による取締り〉

1914（大正3）年公布の売薬法は、薬販売の際に「避妊を暗示する事項」を効用として記載することを禁止した。同時期は女性用避妊座薬「貴女の友」だけでなく、女性の側の避妊の効用を宣伝するさまざまな名前の膣挿入坐薬[48] が乱売されていた。それだけ女性の側の避妊薬の受容が高まっていたのだが、この需要に対応するように不良な薬品を使った膣挿入坐薬が多く出回り、女性の身体にさまざまな悪影響を及ぼすことが顕在化していた。

こうした事故を防ぐためにも、政府は、1914年3月には従来の売薬規則を改正し、薬剤の製造と販売を国の許可制にする売薬法を公布、頒布する文書に効能事項として「避妊又は堕胎を暗示する記事」を掲載することを禁じ、その違反者に対しては罰則を定めたのである。

2 国家は性の隠蔽遮断主義

国家は、避妊行為そのものの禁止を目的としたわけではない。だが、売薬法施行の結果、1920年代には薬店舗では「種々の器具や薬品は、用法と目的をお客に明瞭に教えたら、お上から風俗を紊すものとして発売を差し止められるので、よくわかった客だけが黙って買っていく」[49] という状態が生まれていった。

国家政策は、避妊方法を含む、性と生殖に関する科学的知識を公然と宣伝することを禁止することによって、男女とくに若い男女が性にかかわる科学的知識を得ることや、性科学を性文化の基礎に置くことを、忌避したのである。性のことはあくまで秘匿されなければならないものとし、大正期にはその傾向を強めている。

性教育の先駆者の山本宣治（1889〜1929）は、1921（大正10）年に小学校教員への性教育講義において「性事項の事実」[50] を述べたら、女性教員が

「猥褻だ」として部屋を出て行ったことに言及し、こうした状態を「性の隠蔽遮断主義」[51]と呼んだ。

避妊に対する国家の抑圧的政策とみられてきたものは、性知識の隠蔽遮断主義であり、性文化の基礎に性科学を置くことを忌避する態度だったのである。

1922年3月のアメリカの産児調節運動家マーガレット・サンガー来日時の政府による入国拒否騒動や、内務省によるサンガー持参の冊子『FAMILY LIMITATION』の没収事件を政府が避妊を禁止していた根拠とする議論がある。だが、サンガー来日時の実状は以下のようである。

ビザなしで日本へ入国しようとしたサンガーに「貴族院議員のお歴々や一部の内務官僚は、入国も講演も禁止しろと強硬に主張するので、床次内相はホトホト困り」[52]、中間をとって、大衆向けの講演の禁止と「産児制限の実行方法を具体的に宣伝せぬとの保証をとった上」[53]で、サンガーの入国を許可した。入国の際、内務省図書課はサンガー持参の冊子『FAMILY LIMITATION』を没収した。官憲は、冊子に掲載された精密に図解した女性性器と女性用避妊具ペッサリーを「指で女性の性器に挿入する図解」[54]を「猥褻」とみなしたからある。

サンガーの入国拒否は、貴族院議員や一部内務官僚が唱えたもので、むしろ内務省湯池警保局長は「産児制限の臨床学は（中略）風紀を乱す恐れがある故に公表を禁止した。実は産児制限も貧困者の家庭では悪くなかろう」[55]と、述べており、避妊を禁止するものではなかった。

この時代の性の隠蔽主義を如実に示すのは女子教育者の見解である。サンガー来日以前の1920年8月に女子教育関係者を中心に『婦人公論』誌上において行われた「我国の現状に照らして観た避妊可否論」では、女子教育に携わる多くの論者が避妊に反対している。その理由として、第一に風俗壊乱・男女間の不倫・一夫一婦制に対する不安である。第二は、上・中流の避妊の実行による優秀な人口の減少を問題とするものであった。女子教育を担う教育者たちは、避妊により出生をコントロールしようとする女性たちの行動を、風俗壊乱、不倫、一夫一婦制否定などとして批判し、避妊行為そのものを否定しているのである。高等女学校で学ぶ女性たちは、こうした考えの教育家のもとで教育を受けていたのである。

3. 1920年代の都市部における産児調節の実際

　1920年代前半ころから、それまで堕胎といわれていたものは都市部の医師や女性の間では医療機関における人工流産とか人工妊娠中絶といわれるようになり、かなりの数が行われるようになっている。

　西欧の刑法堕胎罪を倣って日本の刑法にも堕胎罪はあり、堕胎は厳禁されていたはずだと思うかもしれない。しかし、キリスト教の教会法が影響力を持った西欧社会では、堕胎は神が与えた「生命＝魂」を抹消する行為、殺人罪に準じる重罪なのに対し、キリスト教的生命観の希少な日本では堕胎は儒教倫理に基礎を置く家族扶養義務に反して子を捨てる遺棄罪に近い軽い罪でしかなく、堕胎罪は、国家や社会的規範や人々の心をも強く縛るものではなかった[56]。

　そのため医療技術開発とともに医療機関の設置が進む都市部においては、1920年代以降、母体保護を理由に医師による消毒・麻酔使用の人工妊娠中絶施術が産児調節の実際的方法として普及していった。

　そして、1927（昭和2）年末に『主婦之友』がオギノ式避妊方法を掲載すると、それは主婦たちの間に急速に知られていった。オギノ式避妊法とは、新潟県の産婦人科医・荻野久作が排卵は予定月経前16日から12日の5日間に起こると確定した学説に基づくもので、荻野は当初受胎促進法として報告したが、避妊方法としても理解され、費用もかからず、自主的な行動だけで実行できるとして、産児制限を望んでいた女性たちの間に大きな反響を呼んで避妊方法として普及していく。

4. 労働者家族の計画的出生志向

① 関西地域における労働者家族と計画的出生への志向

　労働者家族も、1920年代の賃上げ闘争や雇用者に対し人格の対等を求める労働組合運動のなかで生活設計を行うようになっていった。「これ以上子

供ができたら家族共倒れ」(57)ということを自覚していき、自分たちの稼ぎの内で養えるだけの子を産み育てたいと、計画的出生を志向することが顕著になってきた。

1910年代半ば以降、瀬戸内海に接する神戸市や明石市には造船所や製鋼の大工場が発展し、日給月給制の職工として働く労働者家族が増加していた。1923（大正12）年には「私共の生活は主人の日給二円五十銭、月六二円内外で四人の子供を育てねばならない」(58)という労働者家族の妻の声があがっている。

労働者家族も日給でも月々予算の立つ日給月給制の家族層が増加し、その家計内で子どもを産み、安定的に養育を果たそうとしている。

〈工業地帯・神戸の労働者家族の計画的出生志向〉

こうした声を背景に、日本労働組合総同盟神戸連合会は1923（大正12）年4月から開催した労働学校の講座のなかに医師の馬島僴が避妊の具体的方法を解説する「産児制限」講座を加えた(59)が、労働者組合の人ばかりではなく一般の人々の関心も呼び、産児制限講座には「三十歳前後の主婦で乳児をかかえて出かけてくる者」(60)もいた。

そして、1923年7月には、神戸連合会は産児制限を具体的に語る馬島を顧問に神戸産児制限研究会を発足させた(61)。会ができるほど、産児制限を要望する労働者家族が形成されてきていたのである。神戸産児制限研究会会長の御厨つな子は、会員とともに須磨市や高砂市など神戸の西部に拡がる瀬戸内沿岸の工業地域とそこに住む労働者家族の、とくに妻の方の要望に応えるため産児制限の具体的方法を伝える講演会を開き、器具を販売していく(62)。

神戸産児制限研究会は発足2か月後の1923年9月には専任の事務員を置いて、会員の要望に対応するまでになった(63)。神戸の西部に拡大していた工業地帯における労働者家族の増加とその家族の産児制限要望の強さをうかがわせる。

〈大阪の労働者家族の計画的出生志向〉

大阪は近代に入って最も早く紡績などの機械制大工場が操業され、労働者

家族の多く住む地域である。その労働者家族の計画的出生への志向を労働運動活動家・九津見房子[64]や三田村四郎らの対応からみる。

九津見房子(1890〜1980)たちは、サンガー来日時の通訳を務めた京大理学部講師・山本宣治と接触し、1922(大正11)年11月に大阪バース・コントロール研究会をつくって[65]、労働者家族の産児制限要求に応えようとした。山本宣治は、サンガーが避妊方法を具体的に書いた FAMILY LIMITATION を冊子『山峨女史家族制限法批判』として翻訳・販売し、冊子は労働者家族の要望を背景に約5万部売れた[66]とされる。労働者家族の計画的出生への志向は強かったのである。だが、具体的避妊方法は冊子だけでは不明確であったため、実際の避妊方法などを具体的に解説する講座などが各地の労働者家族に向けて開かれている。

2 1925年の労働総同盟全国大会における議論

労働者家族の産児制限要求を背景に1925(大正14)年4月15日に神戸市において開かれた日本労働総同盟全国大会において、神戸支部から「産児制限運動を労働組合の傍系運動として行ふ件」案が議案として上程された。家族を形成した労働組合員が、産児制限を強く要望するようになっていることを示すものである。

だが、議案に対しては、大阪の代議員・九津見房子らが反対した。その理由は、「労働組合の目的は経済闘争であり、無産階級の産児制限は個々の家庭の防御的手段で行うもの、組合の仕事は知識の普及」[67]というものである。久津見らの主張は、産児制限は夫婦が自律性をもって行うことを主張するものでもあった。

山本宣治は1925年2月10日から『産児調節評論』と題する雑誌を主宰発刊する。山本の講座だけでは対応しきれないほど労働者家族層の産児制限要望がひろがったためである。雑誌『産児調節評論』は、冒頭に次のような「我等の主張」を掲げた。「我等の家庭の合理的生活に於て、産児調節の知識は無くてならぬものである」[68]。この文は直接には山本が書いたものだが、労働者家族が親たる者の責任かつ義務として子の将来を考えて、子を「つくる」ことの宣言であった。

その後、労働組合活動においても、産児制限は労働者家族の夫婦が自律的に行うことだと認識されていき、組合は知識の普及や避妊器具の廉売などを行うようになった。

1928（昭和3）年に赤松明子（1902～91）らが結成した社会民衆婦人同盟は、東京市芝区の同盟内に家族を持つ女性労働者のための産児制限相談所・社会民衆産児制限協会をつくり、避妊器具の宣伝廉売を行った[69]。社会民衆婦人同盟は1932年に社会大衆婦人同盟となるが、組合の福利厚生活動として岩内とみえ（1898～1986）らが「労働組合員とその奥さんたちにも」[70]女性用避妊器具のペッサリーの紹介を行っている。また、労働者家族にもオギノ式避妊方法は知られていった。

大阪府の1900（明治33）年の婚姻数は1万536件、1930（昭和5）年は2万2375件[71]と若い家族が約2倍に増えている。増加のうちの多くは労働者家族と考えてよいだろう。大阪の1920（大正9）年の合計出生率は3.75だが、1925年は3.53、1930年は3.21と緩やかに低下している。実際に産児制限は定着している。

③ 東京の工業地帯における労働者家族と計画的出生志向

東京においては1910年代以降、墨田東部の本所・深川（現墨田区・江東区）地域を中心に京浜工業地帯が形成されていった。1920年代にはこの地域一帯には、北関東地方や近隣の農村部から移動してきた男性労働者が工場地帯に定着して家族を形成し、夫婦で子を産み育てる家族が多勢を占める地域となりつつあった。

この労働者家族の居住地として人口増加が激しい本所区において、奥むめおが1930（昭和5）年以降、専門の産婆を置いた妊娠調節相談所を主な活動とする婦人セツルメントを運営する。

奥むめお（1895～1997）は、日本女子大学校卒業後に『労働新聞』の記者を経て自身の結婚・妊娠・出産を経験し、1920（大正9）年には平塚らいてうの呼びかけで市川房枝らとともにつくられた婦人参政権を求める新婦人協会の活動に参加した女性だが、病弱な母親が7人の子を産んで早くに亡くなった自分の経験から多産の悲劇を感じ、「産児調節」に興味を持ち、新婦

人協会解散後の 1922 年に設立した職業婦人社にはすでに産児調節相談部を置いている(72)。

1920 年代に入ると新中間層家族や労働者家族の要望に対応する産児調節相談所は職業婦人社の他にも多数が都市部に設置されるようになっている。

奥は、労働者家族の産児調節の要望に呼応し自己の生活の糧も得ようとしている。生活の糧を得ることができるほど労働者家族の「妊娠調節相談」の要望は強かったのである(73)。

1930（昭和 5）年夏、奥は、婦人妊娠調節相談所を開くため本所区の林町の現地を訪ねた際、妊娠調節相談所とともに、内職する母親たちのための保育園の必要性も感じ、同年 9 月 6 日に近隣の母親を集めてまず 3 歳以上の未就学児の保育園を開き、その 1 か月後の 11 月 1 日より妊娠調節相談所を開いて相談業務を開始した(74)。

1930～31 年の妊娠調節相談所の 1 か月の平均相談人数は 50 人から 83 人、創設以来 5 か月の延べ人数は 378 人とされる(75)。婦人セツルメントだから女性の相談が多いのは当然のことだが、男性の相談が数人あるのも興味深い(76)。

本所区での妊娠調節相談に手ごたえを感じた奥は、翌 1931 年末には京橋区の大象堂療院で妊娠調節器具および薬品の出張展覧会を開催した。その出張展覧会には「まじめに夫婦づれでいらした方もかなり見え、2 日で合計 367 名」(77) の人々が訪れたという。婦人セツルメント妊娠調節相談所という個別の事例だが、「夫婦づれで」相談に来ることから、労働者家族層も夫婦ともども計画的出生志向が強いことがわかる。

〈妊娠調節相談所に来る人たちの家族状況〉

3 歳以上就学未満の子を預け妊娠調節相談所に来る女性たちは、具体的にどのような家族を営む女性たちだろうか。保育園利用の女性の家族の像がわかる史料をあげてみる。

奥はセツルメントを始める折、近隣に住む女性を主婦会という名の集まりに招き、「あなた方は、まだ学校に行かない子をかかえて、月に六円から十円の内職をしている」(78) と講演しているから、本所区林町の保育園の近辺に住む家族の多くは、主なる稼ぎ手は夫、妻は賃仕事や内職などをして稼

表4-1　保育園利用家族の父親の職業と収入（1939年）

職業	収入	職業	収入	職業	収入
硝子工	60円	鋼金工	62円	製鉄工	50円
会社員	80円	洋品商	70円	自動車運転手	70円
鉛版工	60円	古物売買	60円	硝子工	50円
飲食店主	200円	会社員	200円		

ぎ、しかも家には祖父母世代はおらず若い夫婦と幼い子が暮らす労働者家族像が浮かび上がってくる。

　その家族像がより具体的にわかるのは1930年の保育園の開始時、1円50銭の保育料を払って保育園に来る子の「家庭の仕事調べ」[79]である。「家庭の仕事」は父親の仕事を指していると思われる。

　商業21名、建具職3名、理髪店3名、飲食店4名、ブリキ製造4名、医・ハリ師2名、印刷屋1名、湯屋2名、仕立屋1名などの零細自営業者に加え、化学工業6名、職工4名、自動車3名、運送屋1名、車掌1名、外交1名、硝子職1名などである。

　そして、園児87名のうち母が通勤で働いているか内職の者は35名、家業従事は27名とされている。

　要するに夫婦だけで零細な商売や工業を営む零細自営業家族と、夫は化学工場、運輸産業などに勤め、母親は子どもをみながら内職をしているか勤めに出ているが、子どもの面倒をみる老親や家事使用人などいない労働者家族である。

　少し後の1930年代後半の保育園を利用する家族の例がわかる史料があるのでそれをあげてみよう。奥は1939年5月22日には婦人セツルメント内で「生活座談会　無駄を探す百億貯蓄強調週間」[80]を開いたが、このときの父の仕事調査では上表のようになり、妻は内職などしている。この妻たちが保育園での座談会に集まっている。

　戦前に保育園に子を託して働くのは都市下層の人々というイメージがあるだろう。だが、奥の保育園に子を預ける母親は、都市下層というわけではなく、父親は月に60円、70円、80円と月給があり、母親は内職などをしながら月100円以内の収入で生活する当時多数を占めるスタンダードな労働者家族であった。

第4章　労働者家族・新中間層家族の形成と計画的出生への志向　105

　奥が同時期の1938年、全国の労働者家族の状態を調査して、『婦人公論』に書いた「百円未満の俸給生活者の家計調査」[81]からも、労働者家族は都市部においてはスタンダードになっているのが浮かび上がる。

　奥は調査においては、給料生活者と労働者に分けているので、以下、そのうちの労働者をみていく。

　「百円未満の俸給生活者の家計調査」によると、1937年当時、全国10都市における100円以下の家庭は労働者の8割、給料生活者の6割にあたり、労働者家族では、100円以内の内訳は、50〜70円20％、70〜90円は35.5％、90〜100円17.8％である。

　そしてこれらの家族が若干の貯蓄をしていることを背景に、奥は月収100円以下の労働者の家族でも「国策の百億円貯金に協力することは可能だ」と主張し、その主張を背景に大蔵省の貯蓄奨励婦人講師に任命された。そして、婦人セツルメント保育園に通ってくる子どもの親に貯金を勧めるのである。

　奥の婦人セツルメント保育園に通ってくる子のいる家族は、全国的に多数を占めるスタンダードな労働者家族なのである。

　スタンダードな労働者家族とは、夫の稼ぎで夫婦と子どもの最低限の生活が月々まわるようになっている性別役割分担のある家族で、夫の稼ぎは日給制としても月々の収入が60円、70円、80円と予定され、妻の内職で食べているわけではない家族である。これらの労働者家族は地方から東京に出てきた男女により構成された世帯が多い[82]。

　東京の婚姻件数は1900（明治33）年には1万4451件だったが、1935（昭和10）年に4万1313件と約3倍となり、若年家族層が増加しているが、多くは労働者家族の増加であった。

　これらの家族は自分たちの稼ぎだけで自立して生活していかねばならず、自分たちの稼ぎで養えるだけの子を出生養育すべく妊娠調節相談所を利用している。

　しかもその生活は2人働いてその日をぎりぎり食べるだけでなく、子どもには多少の金銭を出しても保育園に預けるという意識で育児を行い、将来は小学校に通わせる生活[83]である。保育園仲間の母子たちで1泊旅行に出かける[84]などの余暇活動もあり、より豊かな安定した生活をめざして自らを

律し、わずかな貯金もする家族である。

　妻は小さな家計の責任者として内職にも追われ多様な家事労働を担いながらも、お金を出して子ども保育園に預け、わが子がどんなおやつを食べるかを気にしながら養育を行うようになっている。

　1930年代に入ると労働者家族の間にもオギノ式避妊方法などが普及していた。妊娠調節相談所は避妊方法の相談所となっているが、実際には妊娠した後の「事後相談」が多かった。奥は、愛児女性協会の浜田医師や尾崎女医とも連携し[85]、医療的機関における人工妊娠中絶もできるように対応した場合もあった。

第3節　都市部における合計出生率の微妙な変動

　都市部に労働者家族や都市新中間層が形成されていく1910（明治43）年ころから1935（昭和5）年ころまで都市部で多くの女性が結婚するようになり、都市で家族を営むことが一般的になりつつあった。都市部での結婚数が増えると、それにともない多くの女性が出産するようになるので、既婚未婚を問わず全女性のなかでの出生率を算定する合計出生率も上昇する。

　同時に、都市の労働者家族は日給月給の者も含め月給取りとなるなかで形成されていくので、その形成の当初から計画的生活への志向性を持ち、当然のように計画的出産・家族計画をめざした。

　都市部においては計画的出産を「良し」とする意識がひろがり、都市新中間層家族や労働者家族は、夫婦の自律的意志を必要とするオギノ式避妊方法からコンドームや器具や薬による避妊、さらには人工妊娠中絶までのさまざまな手段によって、出産の抑制を図ったが、この計画的出産への志向は合計出生率を押し下げる。このため、都市の合計出生率は微妙に変動する。

　労働者家族が一般化することは、合計出生率を押し上げ、計画的出産への志向は合計出生率を押し下げるのである。このため、都市部においては合計出生率は上昇へのベクトルと下降へのベクトルがせめぎ合い、あまり大きな変動をしないで、次頁の表のように3人から4人までの間を揺れ動く。

表 4-2 都市型における合計出生率（1910〜42年）

	全国	東京都	大阪府	京都府
1910	5.07	3.57	3.62	4.52
1911	5.12	3.57	4.22	4.52
1912	5.01	3.89	3.58	4.29
1913	5.00	3.96	3.43	4.11
1914	5.07	4.13	4.08	4.05
1915	4.97	4.24	3.34	4.56
1916	4.91	4.13	3.54	3.81
1917	4.88	3.13	2.84	2.86
1918	4.77	3.60	3.17	3.53
1919	4.71	3.85	3.22	3.62
1920	5.28	3.76	3.75	4.30
1921	5.12	4.00	3.66	4.10
1922	5.00	3.87	3.64	4.10
1923	5.13	3.67	3.70	4.07
1924	4.94	3.91	3.52	3.97
1925	5.10	4.09	3.53	4.08
1926	5.04	3.75	3.62	4.07
1927	4.87	3.82	3.36	3.77
1928	4.97	3.86	3.53	3.97
1929	4.77	3.62	3.26	3.81
1930	4.71	3.51	3.21	3.59
1931	4.68	3.57	3.17	3.65
1932	4.80	3.52	3.39	3.81
1933	4.59	3.48	3.12	4.35
1934	4.36	3.17	2.97	3.34
1935	4.61	3.48	3.02	3.54
1936	4.81	3.15	2.86	3.38
1937	4.50	3.21	2.85	3.35
1938	3.96	2.85	2.47	3.61
1939	3.88	2.94	2.52	2.69
1940	4.14	3.31	2.94	3.27
1941	4.63	3.71	3.43	3.53
1942	4.50	3.57	3.08	3.55

オギノ式避妊方法などそれぞれの避妊方法は、費用も効果もさまざまであり、必ずしも確実に避妊できたわけではないが、避妊に無関心なまま性交渉を行っている場合に比べ、妊娠する確率が低下したことは否めない。

全く将来設計を考えずに子どもを「つくる」ようなことは、都市においては、少数になっていったものと考えられる。

当時のスタンダードな労働者家族は、家産はなく夫婦の稼ぎで自立して生活しており、それで養えるだけの子を産み育てようと計画的出生を志向し、それをそれなりに実現させているのである。

おわりに

共同体の規制が失われた近代社会においては、1910年代以降都市部に形成されてきた新中間層家族や労働者家族にみられるように、生存に不可欠の生活共同体である夫婦と未婚の子の家族が、これを独立の単位としていわば「裸」で資本主義経済社会に対峙して、構成員の生存を確保しなければならなかった。

都市部の新中間層や労働者にとっては家族を形成すること自体が将来生活設計なしではありえず、夫婦が共に生活し子どもを出生養育するためには自己の生活を設計する自律的生活態度を身につけなければならなかった。そして、家族内で養う出生児数についても自律的な決定が要求されて、夫婦の意思としての計画的出生、産児調節が要望され、実施されていったのである。

東京、大阪、京都をはじめ全国の都市部においては、夫婦と未婚の子を生存の単位とする家族層は昭和に入るとますます増加し、少産化が顕著になってくる。

合計出生率は、1925（大正14）年から1940（昭和15）年までの15年間に、東京都では0.78人、大阪府では0.64人、京都府では0.81人減少しており、都市部の家族においては15年間で約1人弱、少産化した。大きな変動というべきだろう。

近代社会における少産化とは、新中間層や労働者階層の家族が、資本主義

経済社会に対して自律的生活設計を行い、その一環として計画的出生を選んだ結果なのである。

（1）稲葉良太郎「工人の生活設計」（『統計学雑誌』27巻317号、1912年2月号）。
（2）内務省編『細民調査統計表』慶応書房、1961年。
（3）中鉢正美解説『生活古典叢書7　家計調査と生活研究』光生館、1971年、51～84頁。
（4）中川清『日本の都市下層』勁草書房、1985年、67頁。
（5）同前。なお、1910年代の女性と子どもの生活分析としては岩井サチコ・早川紀代「『生活貧困』と婦人労働・児童問題」（総合女性史研究会編『日本女性史論集6　女性の暮らしと労働』吉川弘文館、1998年）が詳しい。
（6）高野岩三郎「東京における二十職工家計調査」（前掲中鉢正美解説『生活古典叢書7　家計調査と生活研究』）89～101頁。高野岩三郎はのち大原社会問題研究所の初代所長、戦後は日本放送協会会長を務める。
（7）同前。
（8）前掲中川清『日本の都市下層』67頁。
（9）東京家政研究会編・発行『貯金のできる生活法』1916年は、(1) 学校教師の生活実例、(2) 会社商店員の生活実例、(3) 官公吏の生活実例、(4) 陸海軍の生活実例、(5) 商家の生活実例、(6) 農家の生活実例、(7) 職人の生活実例に分けて掲載されている。東京家政研究会は1918年に『主婦之友』を発行する石川武美がつくった会、石川武美の思想については金子幸子『近代日本女性論の系譜』不二出版、1999年、149～176頁参照。
（10）前掲東京家政研究会編・発行『貯金のできる生活法』164頁。
（11）同前、172頁。
（12）同前、167頁。
（13）同前、62頁。
（14）同前、64頁。
（15）湯沢雍彦『大正期の家族問題』ミネルヴァ書房、2010年、191頁。
（16）割合は、大橋隆憲編著『日本の階級構成』岩波新書、1971年、23頁による。
（17）月島調査を企画推進したのは東大教授・高野岩三郎、報告書は1921年内務省衛生局より出され、現在、関谷耕一解説『生活古典叢書6　月島調査』光生館、1970年所収。
（18）日給制だが仕事が安定的にあり、月々の収入として予算化できる制度。

(19) 大門正克「第一次大戦から一九二〇年代の農村社会」(『近代日本と農村社会』日本経済評論社、1994年) 74頁。
(20) 多ミツイ「聞き書き」(江東区女性史編さん委員会編『江東に生きた女性たち』ドメス出版、1999年) 301頁。
(21) 江東区編集・発行『江東区史　中巻』1997年、640頁。
(22) 石塚裕道・成田龍一『東京都の百年』山川出版、1986年、225頁。東京府が東京都となるのは戦時下の1943年7月1日、軍部が中心となって進められた。
(23) 小山仁示・柴村篤樹『大阪府の百年』山川出版、1991年。
(24) 東京、横浜、名古屋、大阪、京都、神戸、福岡、仙台、札幌など。
(25) 前掲石塚裕道・成田龍一『東京都の百年』266頁によれば、1932年23万7000人だった労働者は1937年45万人に急増している。
(26) 大橋隆憲編著『日本の階級構成』岩波新書、1971年、26～27頁。
(27) 前掲東京家政研究会編・発行『貯金のできる生活法』58頁。
(28) 大森和子「家事労働に関する調査研究」(大森和子他『家事労働』光生館、1981年) 239頁。
(29) 「月給五十円の電気技師」(前掲東京家政研究会編・発行『貯金のできる生活法』) 40～41頁。
(30) 同前。
(31) 『主婦之友』は、『貯金のできる生活法』を編集発刊した石川武美によって発刊された。石川武美の思想については、金子幸子『近代日本女性論の系譜』不二出版1999年、149～176頁参照。
(32) 主婦の友社編・発行『主婦の友社の五十年』1967年。
(33) 鴨田脩治『産児制限論　一名避妊の研究』薬学協会、1914年 (『性と生殖の人権問題資料集成第1巻』不二出版、2000年所収)。
(34) 前掲鴨田脩治『産児制限論　一名避妊の研究』通頁113頁。
(35) 新中間層の結婚については永原和子「結婚式にみる都市と農村」(『近現代女性史論』吉川弘文館、2012年) 97～111頁。
(36) 西川文子の社会的活動については、金子幸子「西川文子と『新真婦人』(1)・(2)」(『名古屋短期大学研究紀要』40・41号、2002・2003年) に詳しい。
(37) たとえば『新真婦人』1915年6月号掲載の広告。
(38) 『新真婦人』1915年6月号。
(39) 前掲鴨田脩治『産児制限論　一名避妊の研究』。
(40) 堕胎論争の資料については折井美耶子編集／解説『資料　性と愛をめぐる論争』ドメス出版、1991年、「解説」284頁の見解など。
　　堕胎論争の位置づけについては石崎昇子「『青鞜』におけるセクシュアリティの問

第4章　労働者家族・新中間層家族の形成と計画的出生への志向　111

題提起」(米田佐代子・池田恵美子編『『青鞜』を学ぶ人のために』世界思想社、1999年)など。堕胎論争とは、『青鞜』同人で、収入のない男性と結婚した原田皐月が小説「獄中の女より男に」において、胎児は母体の付属物だから堕胎は自己の腕を切り落としたのと同じであり、罰せられるべきではないとしたのが、さまざまな意見を呼び、論争となった。妊娠中だった平塚らいてうは、「個人としての生活と性としての生活との間の争闘に就いて」(『青鞜』1915 年 8 月号)を書き、自分も最初、堕胎を考えたが良心の痛みはなかったとして妊娠中絶の合法化を言った。これに対し、伊藤野枝は避妊も堕胎も不自然であると反対し、クリスチャンの山田わかは、堕胎は神にそむく罪悪であると批判した。

(41) 荻野美穂「堕胎・間引きから水子供養まで」(赤坂憲雄編『いくつもの日本Ⅳ　女の領域　男の領域』岩波書店、2003 年) 226 頁。荻野は平塚らいてうの身体感覚に関して分析している。

(42) 宮坂靖子「日本における近代家族の受容とその展開」(『奈良大学紀要』39 号、2011 年)。宮坂は 2010 年度比較家族史学会において「戦間期の日本における産児調節運動の避妊言説とその実践」を報告している。

(43) 松尾尊兊「解説」(『『第三帝国』解説・総目録・索引』不二出版、1984 年)。

(44) 鈴木正吾「避妊は罪悪か」(『第三帝国』第 14 号、1914 年 7 月 1 日号) 6 頁。

(45) 鈴木正吾「市場氏に答ふ」(『第三帝国』第 16 号、1914 年 8 月 1 日号) 15 頁。

(46) 上野千鶴子「解説」(小木新造・熊倉功夫・上野千鶴子校注『日本近代思想大系23　風俗　性』岩波書店、1990 年) 528 頁。

(47) 太田典礼『日本産児調節百年史』出版科学総合所、1976 年、86〜192 頁引用の小栗貞雄『社会改良実論』のなかの文章表現。

(48) 前掲太田典礼『日本産児調節百年史』295 頁において、主薬として、硫酸、キニーネ、硼酸、サリチール酸などが使われたとされる。

(49) 山本宣治『山峨女史家族制限法批判』(不二出版、1983 年復刻) 84 頁。

(50) 同前、27 頁。

(51) 同前、80 頁。

(52) 『東京朝日新聞』1922 年 3 月 10 日朝刊。

(53) 同前。

(54) 前掲山本宣治『山峨女史家族制限法批判』31 頁。

(55) 前掲『東京朝日新聞』1922 年 3 月 10 日朝刊。

(56) 石崎昇子「日本の堕胎罪の成立」(『歴史評論』571 号、1997 年 11 月号)。日本の堕胎罪の成立過程と構成を分岐し、日本の堕胎罪は西欧に比して軽いことを論じている。日本の堕胎罪は、1873 (明治 6) 年公布の「改定律例」の戸婚律 112 条、113 条、114 条をもとに構成された。「改定律例」は、石井紫郎・水林彪校注『日本近代思想

大系7　法と秩序』岩波書店、1992年に収録されている。「戸婚律」は529頁。
(57) 奥田宗太郎「神戸における産児制限運動の歴史──神戸研究会の沿革と現状」（『産児調節評論』NO.2、1925年3月号、不二出版、1983年復刻）25頁。
(58) 同前、27頁。
(59) 同前、26頁。
(60) 同前、26頁。
(61) 同前、26頁。
(62) 同前、26頁。
(63) 前掲奥田宗太郎「神戸における産児制限運動の歴史──神戸研究会の沿革と現状」27頁。
(64) 九津見房子については、江刺昭子『覚めよ女たち　赤瀾会の人びと』大月書店、1980年を参照のこと。
(65) 『山本宣治全集第七巻』汐文社、1979年、610頁。
(66) 佐々木敏二『『性と社会』解説・総目次・索引』不二出版、1983年、9頁。
(67) 大阪B.C研究会九津見房子「何故に我々は反対したか！──総同盟大会に提出されしBC案」（『産児調節評論』NO.4、1925年5月発行、不二出版、1983年復刻）54頁。
(68) 『産児調節評論』NO.1、1925年2月発行（不二出版、1983年復刻）。
(69) 『民衆婦人』1931年7月25日。
(70) 渡辺悦次・鈴木裕子『たたかいに生きて』ドメス出版、1980年。
(71) 日本統計協会編・発行『日本長期統計総覧第1巻』1987年、260頁。
(72) 奥むめおの生涯については『奥むめお自伝　野火あかあかと』ドメス出版、1988年、中村紀伊『シリーズ福祉に生きる　奥むめお』大空社、1999年を参照。
(73) 奥むめおの妊娠調節相談活動については、橋本紀子「一九二〇─三〇年代日本の成人教育としての産児調節運動──奥むめおの活動を中心に」（橋本紀子・逸見勝亮編『ジェンダーと教育の歴史』川島書店、2003年）がある。
(74) 「妊娠調節座談会」（『婦人運動』第8巻第8号、1930年10月1日発行）において11月1日より相談開始予定とされる。なお、以下の『婦人運動』については、不二出版が1990〜91年にかけて復刻したものを使用する。
(75) 「婦人セツルメント報告　四、妊娠調節部」（『婦人運動』第9巻第5号、1931年7月1日発行）。
(76) 同前。
(77) 「婦人セツルメント日誌抄」（『婦人運動』第10巻第1号、1932年1月1日発行）。
(78) 奥むめお「婦人セツルメント運動の発足」（『婦人運動』第8巻第8号、1930年10月1日発行）。

(79) 奥むめお「婦人セツルメント報告——園児の家庭の職業調べ」(『婦人運動』第 9 巻第 5 号、1931 年 7 月 1 日発行)。
(80) 「生活座談会　無駄を探す百億貯金強調週間」(『婦人運動』第 17 巻第 6 号、1939 年 6 月 15 日発行)。
(81) 奥むめお「百円未満の俸給生活者の家計調査」(『婦人公論』第 23 巻第 7 号、1938 年 7 月号)。この調査は『日本婦人問題資料集成第七巻　生活』ドメス出版、1970 年、414～431 頁に収録されている。
(82) 本所区は 1924 年 5 月から 1925 年 4 月、区内の乳児死亡 800 人(同時期区出生人数約 3300 人)の父母全員の住居や衛生水準などさまざまな調査項目を持つ調査を行った。そのうちの父母の生国をみると、父は東京 243 人、地方 498 人、母は東京 294 人、地方 451 人であり、父母ともに地方から出てきた男女が多く世帯を構成している。資料は近現代資料刊行会企画編集・発行『東京市社会局調査報 17　本所区・小石川区・下谷区の乳児死亡率に関する調査』2004 年。
(83) 1930 年代には都市部の子も小学校に就学し卒業するようになる。大門正克『民衆の教育経験——農村と都市の子ども』青木書店、2000 年。
(84) 「写真帳から」(『婦人運動』第 17 巻第 9 号、1939 年 10 月 1 日発行)によると、託児所に通わせる母親たちの会が旅行部をつくり月に 50 銭ずつ貯金して 6 円貯め、年に一度子ども連れの旅行を楽しむという。
(85) 「妊娠調節座談会」(『婦人運動』第 8 巻第 8 号、1930 年 10 月 1 日発行)。

第5章
出生率の差が生み出した
地域により異なる農民家族のあり方

はじめに

　地主制が確立された明治末からの日本の農村は、農業生産に小作農民家族による耕作が占める役割が大きくなったが、地主と小作農民家族のあり方は都市近郊農村型農村と東北農村型農村とでは、大きく異なっていた。
　都市近郊農村では、家に余った労働力は都市に吸収されていたが、都市が発展し近郊農村から流入した農民が労働者として働く場が確保され労働者家族を安定的に形成できるようになってくると、都市への近郊農村からの流入は単なる余剰労働力への対応ではなくなり、小作農民家族として農業を営むことと同等の、職業を獲得することになってきた。
　このため、都市近郊農村では、小作地に比して耕作すべき小作人が不足する状況さえ生まれ、小作地の貸借をめぐる地主と小作人の力関係は、借り手の小作人の力の方が強くなることもあった。ここに1920年代の都市近郊農村型農村部における小作料永久3割の減免を要求する小作争議が生じる要因があった。都市近郊農村では、この小作料永久3割減免を獲得することによって、小作農民も自立した経営体としての家族を形成していくようになった。
　これに対して東北農村型では、多産による過剰人口が流入していく都市を近くに持たないまま、人口は農村に滞留し、小作地に比して小作人が過剰である状態が続いた。
　このため、小作農民家族は地主への従属的関係から脱することはできず、

1920年代の都市近郊農村部の小作料減免成功例に刺激されて減免を要求する争議を起こしても、成功は少なく、その成果も小さかった。

1930年代の東北地方も多くの小作争議が行われたが、それは小作人の側が小作条件の変更を求めて起こしたものではなく、地主の側が小作地の返還を求めたものであり、小作地取り上げに反対する争議であった。

東北地方の小作料の減免は、農家家族の主要な労働力の成人男子が農村から徴兵されていった戦時になって、初めて実現されていくのである。

基本的に東北農村型においては、戦時になるまでは小作農家が自立的経営体に転換する条件はなかったといってよい。

第1節　都市近郊農村型における小作関係の変動と農民家族の自立化

1．都市近郊農村の小作農民家族の自立的経営志向

小作農家のなかには、1910年代末以降、農業経営を中心的に担うようになった新しい世代の間から、小作農家自身の判断で経営耕作する自立的経営とそのバックボーンとしての自律的生活への志向が生まれ、小作農家が「独立した経営体としての意識＝人格」[1]を獲得していく小作農民運動が始まった。

この背景としては都市において形成された自由を求める自立志向が影響しているが、それ以上に都市への流入によっても生活を維持していけるという自立への確信があったものと考えられる。

小作農民運動は、岐阜県などの中部地域や大阪府などの畿内地域、岡山県や香川県など瀬戸内海のいわゆる農業先進地帯の都市近郊農村部において始まり、全国的流れとなってひろがり1922（大正11）年4月に日本農民組合が結成された。

当初の日本農民組合は小作農家を主要な構成員としたが、都市近郊農村から出発したのであり、構成員も小作とはいっても米単作の零細小作ではなく、商品作物も生産する近代的農業を志す自小作農家であり村落内の中心的

第5章　出生率の差が生み出した地域により異なる農民家族のあり方　117

農家であった。

　その日本農民組合（以下、日農と記す）結成3年後の1925年2月、日農第4回全国大会には、岡山県連合会から建議案「産児制限公認案」が提出された。

　1920年代初期には小作農民家族の間に、すでに計画的出生への志向、すなわち産児制限の要求が形成されてきており、日本農民組合機関誌『土地と自由』発刊時には産児制限運動家として知られつつあった山本宣治の「産児制限講話」を掲載することを求める組合員の声が寄せられていた[2]。

　小作農家族の計画的出生志向＝産児制限要望は、農業経営の自立的計画化志向の一環として生まれてきた。小作民農家族が将来を考えて経営するためには、後継者の育成から後継者とならない子どもたちの養育や教育も含めた将来像を持たねばならず、そのために何人の子どもなら充分に養育できるかを考えて子どもを「つくる」ことを計画することが必要だったからである。

　農業経営の自立化は、家族の出生児数も含む将来計画抜きにはなかったのであり、農民家族が自立化をめざす以上、計画的出産を望むのは当然だったのである。

1　小作収支計算書の作成運動

　この農業経営の自立的将来計画化の基盤となったのは「小作収支計算書」の作成運動である。

　小作収支計算書とは、小作料に労賃や農具等損料や肥料代を加えて独立経営体としての収支を算定して小作料が不当に高いことを明らかし、同時に小作料減免をさせなければ農業経営を自立的に行うことができないことを明らかにし、小作料減免の正当性を農民家族に数字によってわかりやすく示すものである。この作成運動が、小作農家族を日農に組織していくことになった[3]。

　「小作収支計算書」により小作料が不当に高いことを知り、小作料減免の正当性を自覚した小作農家族は、「小作収支計算書」を関係地主に書状で送って小作料の高さを具体的に示し、地主に対して「小作料永久三割減」の要求を組織的に行い[4]、少ない小作料にすることで、肥料や農機具の費用

を支出してもなお自立的経営が可能な農業をつくりだそうとしたのである。

2 1920年代——都市近郊農村型農村地域の経済状況概観

　小作収支計算書作成運動を展開し、小作農民家族を日農に組織して1925（大正14）年「産児制限公認案」を大会に建議するのは、農業先進地帯の岡山県旭東4郡が結成した岡山県連合会である。その旭東4郡の1920年ころの経済状況をまず概観しておこう。

　岡山県旭東4郡は、西に旭川、東に吉井川に挟まれた平地に田畑が広がり、米作の裏作として麦の他に蔬菜や花等が栽培され、東部では養蚕業、北部諸村では梨や桃といった果樹の栽培が行われていた。稲作とともに商品作物栽培が多角的に行われている典型的農業先進地域である。

　なかでも連合会の会長を務める山上武雄が農業を営む上道郡雄神村は畜産業も行われ、南部では漁獲もある豊かな地域である。雄神村は1919年12月末の現住戸数552戸、現住人口は男性1492人、女性1451人の2943人で、隣接する西大寺市における工業の発展による工業労働関係者の流入の影響を受け、流出する人口より流入する人口の方が多く[5]、都市近郊農村部としても、住宅地域としても拡大しつつあった。

　農業経営においてはすでに除草機、籾磨機などの農業用器機が使用され始めており「労力をはぶき余力を副業に用ふるに至る」[6]という状態にあり、岡山市や西条市の工業都市化を背景に都市住民に向けた農業生産額は増大していた[7]。会長の山上武雄は、田畑とともに果樹園も経営して梨栽培に取り組みこれに成功している自作の篤農家であった。

　他の3郡も類似の場所であり当地にあっては旭東と呼ばれていた。

　岡山県の小作農民運動は、まず日農・上道郡支部が1922年9月に邑久郡支部と邑久・上道郡連合会（13町41村）を結成し、「小作収支計算書」を作成して関係地主に「小作料永久三割減」を要求する組織的・団体的闘争を始めた[8]ことから展開していた。

　そして、1924年1月にはこの邑久・上道郡連合に、近隣の赤磐郡、和気郡の支部が加わり日農・岡山県旭東四郡連合会を結成し、小作争議を活発化させていった。その結果、小作農家は20〜30％の大幅な小作料減額を実現

させ、実質的に自立的経営を獲得していくのである。

2. 岡山県旭東4郡の小作農民意識

1 小作農民意識調査

　農民の意識調査は、地主側が小作争議にいかに対処すべきかの方策を樹立するために「農民心理の研究」として始まり、また、農村から都市への人口移動が始まった際に農村意識を持った人々にどう対処するかを探るためにも行われ始めていた[9]。

　小作争議を指導する立場からは、資本主義社会における農業の発展法則を明らかにするためには農業先進地域における小作農民意識を知る必要があるとして、岡山県旭東四郡連合会について行ったものがある。調査は、東京大学で社会学を学び大原社会問題研究所において農業問題の研究に従事していた太田敏兄によって1924（大正13）年春に行われた。

　太田は、調査の結論に「されば、近時農村方面において産児調節問題の漸く台頭せんとするの傾向ある、又故なきに非ず」[10]と記した。太田をしてそう書かしめたものは何か。

　1924年の調査対象の全戸数は1125戸、総人口5589人（陸海軍現役兵22人、その他不在者41人を除く）である[11]。調査項目は、耕作地種別、副業種別、家族数、教育程度、兵役関係、労働力の価値、購買新聞雑誌名、他に不平・不満等を自由に書いてもらうというものである[12]。この経済、社会、政治、「家」に関する自由記載による「不平・不満」を書いたものが、247戸延べ672通残されている。

　この自由記載をみれば、調査者太田が「産児調節問題」の必要という結論を導き出した農民意識とはどんなものかが判明する。不平・不満は戸主が書いたもので女性の視点というものはない。だが、「産児制限を要望する」農民意識が具体的にわかる貴重なものなので、そのうち強い要望のものを次に掲げてみる。

2 調査の自由記載にみる小作農民家族意識

　経済意識としては、8割の人が自分たちの生活を困窮と認識している。それに対する具体的要望としては、
　「生活の安定をはかり自主の生活がしたい」(30歳、小自作)[13]
　「田地が（ママ）我物として作り、そして自分自身独立生活のできることを望む」(49歳、小作)[14]
　などである。
　土地国有化を望む声もあるが、多くの小作農家は自作農家になることを熱望している。
　社会意識としては、
　「有産者は無産者に対して侮蔑、侮辱、軽蔑の風」(40歳、小自作)[15]
　「無産農民は自分のことは自分にして、人格の確立を望む」(34歳、小自作)[16]
　「地主の連中は働かずに金を持ち子供を中学、大学にやる。自分は毎日汗水たらして働いても食うことさえ出来ぬといふは何事だ。地主も吾等小作人も同じような生活がしたいと思って居る」(41歳、小作)[17]
　などである。
　ここには、自立経営になって自分のことは自分で自律的に決めていきたいという要望があらわれている。そして、子どもに教育を受けさせたいという要望は切実だ。
　「今後少し生活を向上し、教育を受けさして、子供を社会に出す希望」(38歳、自小作)
　「子供の多勢にして会計の不如意故家内者非常に困難す。子供の教育できず誠に困る」(34歳、小自作)[18]
　「子供が大勢で金がなく、思ふほど教育もできず尚生活困難」(42歳、小作)[19]
　等々である。
　政治意識としては、今の政治に不満で普通選挙を望む者が多く、「家」問題については「地主たる者を攻撃して我々小作人の自由を得以て我々家庭の円満を図るべきなり」(64歳、小作)[20]、「恋愛の自由」(27歳、小作)[21]などである。

3 子への教育要望と少産化

　これらはすべて組合員たる男性の声だ。だが、自己の家族の置かれた状況を「生活の困窮」と認識することや、それからの脱却の道を地主に隷属するのではなく「自分自身独立生活のできる」ことに求めること、地主の侮蔑的態度に対し「自分のことは自分でする人格を確立」して地主とも対等な人間だと認められたいということは、小作農民としての家族ぐるみの要望である。ことに、子の将来の教育に対する要望は熱烈である。母親の熱望も感じさせる。

　農民運動に参加するなかで「小作収支計算書」をつくり、独立経営体的意識を持つようになった夫婦は、地主への従属から自立生活をめざすなかで、子どもには教育を受けさせて一人前に食べていけるように育てなければならないという意識が強くなっている。

　岡山県南部地域においては1924（大正13）年になると、小作農家や自小作農家においても学齢期の児童はほぼ全員が小学校に就学し、高等小学校には男子は8割5分が、女子は9割が進学している[22]。農業経営体としては労働力は過剰気味であり、生活困窮の問題は養育し教育しなければならない子ども人数の多さにも関係があると認識されている。そして子どもが大勢では教育などできず「困る」とされている。そうしたなかで農民家族にも「産児調節」が意識されているのである。

　調査対象の世帯のうち「児のいる戸」は977戸[23]、「世帯主の児」の人数は2494人[24]なので、この「世帯主の児」の人数を「児のいる戸」の全戸数977戸で割ってみると、1戸あたりにいる子どもの人数は平均2.55人となる。ただ、この平均値は現在、村に在住する子の数にすぎないし、なかには成人して児童と呼ばれない子もいる。しかも、1920年代には「少しでも血気のある青年は、農村の単調な生活をいとふて都市に行く、其所には芸術があり教育機関があり、一切の科学的文明は展開されている。そして、農村に残るものは子供と老人がもっとも多い」[25]という状況があり、独身で徴兵されて在宅しない若者もいる。

　これらを考慮すると、1家族の出生養育する子どもの数は3～4人が平均というところであろうか。

3. 都市近郊農村型農村部に顕著になった産児調節と合計出生率の低下

　岡山県においては小作農家族が自立的経営体になることをめざす運動を背景に、合計出生率は暫時、減少傾向に入っていった。

　岡山県の 1925（大正 14）年の合計出生率は 4.50、1930（昭和 5）年 4.23 と減少し始め、1940 年の推定値は 3.74 で、15 年間で 0.76 人も減少している。これは、小作農民家族が独立経営体になるなかで、計画的出産・産児制限が影響し始めたことを示している。

　都市近郊農村は、多産を人口の都市への流入という形で処理してきたので、さほど真剣に出生する子どもの数を制限することを考えなくてもよかった。しかし、時代が変わり、都市が安定してくれば、都市に流入して一人前に生活するには、学歴や職歴を身につけなければ、まともな給与を得ることも難しいことが明らかになってくる。子どもを都市に送り出すためにも教育が必要だということが、農民の共通意識となっていった。農民は自らの責任として、子どもの将来を保障できるだけの学歴を身につけさせたいと望み、そうした養育が可能となるだけの子どもの数にとどめると望んだのである。

　農民の要望する産児調節がどんな方法で行われたかは不明だが、都市の近郊であるため、同時期の都市と同様の方法がとられただろうと推測され、オギノ式避妊方法やコンドームの使用、女性用座薬の使用など、妊娠を調節する方法を用いながらも、望まない妊娠の場合は、医師による人工中絶手術も多数を占めていたであろうと考えられる。

　このような合計出生率の低下の傾向は、都市近郊の農業先進地域に共通する傾向である。中部の岐阜県は 1925（大正 14）年 5.75 から 1930（昭和 5）年 5.47、1940 年推計値 4.91 と、15 年で 0.84 人低下した。愛知県は 1925 年 4.99 から 1930 年 4.60、1940 年 4.19 と 0.80 人低下している。

　近畿地方の滋賀県は 1925 年 5.06 から 1930 年 4.76、1940 年 4.21 と 0.85 人、兵庫県は 1925 年 4.32 から 1930 年 3.94、1940 年 3.37 と 0.95 人低下している。

　1925 年以降の合計出生率の減少は、近郊農村地域に共通する傾向なのである。これを表にしてみると次のようになる。

表5-1 都市近郊農村型における合計出生率（1920〜40年）

	千葉県	岐阜県	滋賀県	愛知県	兵庫県	岡山県
1920	5.60	6.23	5.43	4.89	4.58	4.77
1921	5.66	5.79	5.20	5.01	4.52	4.56
1922	5.26	5.63	5.11	4.97	4.30	4.36
1923	5.92	5.93	5.23	5.20	4.39	4.59
1924	5.32	5.68	5.14	5.03	4.14	4.30
1925	5.52	5.75	5.06	4.99	4.32	4.50
1926	5.55	5.79	5.09	5.01	4.54	4.69
1927	5.27	5.57	4.94	4.76	4.13	4.30
1928	5.41	5.59	5.14	4.50	4.33	4.53
1929	5.10	5.43	4.79	4.73	4.07	4.44
1930	5.05	5.47	4.76	4.60	3.94	4.23
1931	5.32	5.19	4.68	4.53	4.01	4.36
1932	5.10	5.54	4.83	4.74	4.14	4.56
1933	5.01	5.20	4.49	4.50	3.92	4.34
1934	4.79	5.11	4.40	4.42	3.60	3.80
1935	5.07	5.20	4.63	4.45	3.82	4.22
1936	4.86	5.00	4.43	4.26	3.60	4.06
1937	4.96	5.22	4.55	4.33	3.63	4.21
1938	4.18	4.46	3.75	3.75	3.04	4.75
1939	4.18	4.37	3.47	3.78	3.00	3.23
1940	4.49	4.91	4.21	4.19	3.37	3.74

4．1929年の産児調節公認法について

　農民家族の経済状況を背景に、岡山県連合会は建議案「産児制限公認案」を1925（大正14）年の日農・第4回大会に建議した。「産児制限公認案」は翌1926年3月10〜12日に京都市岡崎公会堂において開催された第5回日農全国大会にも岡山県連合会から再び建議された。産児制限を公認せよとして何を要求したのかは、1928（昭和3）年に作成された産児調節公認法に明らかである。
　男子のみの普通選挙法に基づき1928年2月に行われた総選挙において、労働者や小作農民を基盤とする無産政党から山本宣治や安部磯雄らが選出さ

れて国会議員になると、岡山県連合会の建議案は具体的な法案としてたちあらわれてくる。

すでに1920年代半ば以降には都市部において望まない妊娠をした場合、情報を持つ主婦たちは、医療機関において人工妊娠中絶施術を受けられるようになっていた[26]。

安部磯雄（1865～1949）や山本宣治らは、都市部におけるこうした現実をふまえ、さらにソビエトやドイツでの堕胎罪改正論議[27]にも影響を受けて、1929（昭和4）年に次のような内容の「産児調節公認法」をつくり、議員立法として国会に提出しようとした。

その内容とは「一　妊娠三ヶ月以内の堕胎は罰せぬこと、一　堕胎罪は体刑を以てせず罰金とすること、一　虚弱な母体保護のため法定堕胎範囲を拡張すること」[28]である。

これは戦後の1948年に成立し、医療的妊娠中絶を合法化した優生保護法へとつながる法案である。

日農・岡山県連合会が農民家族の要望として提案し、議員立法として計画された「産児調節公認法」とは、計画的出生実現のため、望まない妊娠を避ける具体的避妊方法を知りたいという要望に応えるとともに、最後の手段として望まない妊娠について医療に安全確実な人工妊娠中絶施術を合法化することだった。

だが、1929年3月の第56議会は治安維持法の重罰化が論議の焦点となり、国会においてこれに反対した労農党代議士・山本宣治が右翼団体七生団員に暗殺される[29]という事件の影響を受けて、法案の国会提出は頓挫した。

第2節　東北農村型農村部における小作農民家族自立の困難

1．東北農村型農村部における地主・小作関係

日本農民組合を生み出した都市近郊農村の小作農民家族の置かれた条件と、東北農村型農村部の小作農民家族の置かれた条件とは大きく異なってい

た。

　東北農村型農村部の小作人についていえば、地主が小作地を供給することと小作人が小作地を必要とする受給関係は、明治期以来、多産により農村に滞留されていた過剰人口によって、小作人が小作地を求めることの方が圧倒的に多かった。

　したがって、地主と小作人の賃貸借に関する力関係は地主に有利であり、小作料も高額で、小作人は小作地を取り上げられる不安から地主の契約外の奉仕要求にも応えざるをえない状態に置かれていた。

　そして、その高額小作料はさらに高騰し続けた。1921（大正10）年の農商務省小作慣行調査報告によれば、青森県の場合、県内66村中40村の小作料は高くなる傾向にあり、その原因は95％が人口増加による耕地不足であり、63％が契約者の変更である[30]。

　同報告の全国統計では、同時期に小作料が高くなる傾向にあった道府県は19、低落傾向にあった府県は26である[31]。

2. 小作農民家族の自立獲得の困難

〈農村人口〉

　地主・小作関係の違いは、農村人口の増減によって生じている。1898（明治31）年から1945（昭和20）年までの間の地域人口増加率は、東北地方6県平均では、単位1000人比のパーミルで、1898（明治31）年14.0、1903年16.0、1908年18.5、1913（大正2）年18.3、1920年16.2、1925年20.0、1930（昭和5）年19.2、1935年19.2である[32]。

　これに対し、近畿地方6府県[33]平均は、同じく単位パーミルで、1898年11.3、1903年11.3、1908年12.6、1913年13.4、1920年8.3、1925年12.2、1930年10.9、1935年10.1[34]と、明らかに東北地方の方が多い。

　それは、1898年で2.7多く、1903年5.7、1908年5.9、1913年4.9、1920年7.9、1925年11.7、1925年7.8年、1930年8.3、1935年9.1と、その差はひろがっている[35]。ただ、都市近郊農村でも、合計出生率は低下しながらも、平均余命の延びもあり、人口は増え続けていたといえる。

〈農家戸数〉

　農家の戸数についてみてみると、1920（大正9）年から1940（昭和15）年にかけて東北では、青森県 21.7％増、岩手県 16.7％増、宮城県 16.21％増、秋田県 16.2％増、山形県 15.7％増、福島県 2.9％増[36]と、すべての県で増加している。

　これに対し近畿では、滋賀県 8.91％減、京都府 7.1％減、大阪府 17.7％減、兵庫県 7％減、奈良県 3％減、和歌山県 6％減[37]で、すべての県が減少している。

　農家戸数は、東北地方は増加し、近畿地方は減少している。農家の戸数は近畿では 3〜9％の範囲で減少し、東北地方ではひと桁の 2.9％の福島県を例外として、他の 5 県は 15.7〜21.7％の範囲で増加している[38]。

　これらによって人口の増加を、東北では農家戸数の増加で対応し、近畿では農業以外の職業に就くことによって対応していることが判明する。

〈小作農家数〉

　これを同じ 1920（大正9）年から 1940（昭和15）年までの「小作農家数」についてみてみると、青森県は 42％の増、岩手県は 42.2％の増、宮城県は 40.6％の増、秋田県は 15.3％の増、山形県は 29.8％の増、福島県は 15.2％の増[39]である。

　これに対し、近畿の滋賀県は 32.7％の減、京都府は 35.2％の減、大阪府は 28.7％の減、兵庫県は 34.9％の減、奈良県は 25.2％の減、和歌山県は 23.8％の減である[40]。

　小作農家戸数では、近畿地方では 23.8〜35.2％の範囲で減少した。だが、東北地方では 15.2％の福島県、15.3％の秋田県、30％弱の山形県、40％台の青森県・岩手県・宮城県と大幅に増大している。東北 6 県では農家数も増えているが、それ以上に小作農家の増加が激しかったのである。

　これには、農作物の価格が暴落した昭和農業恐慌による自作農・地主の小作農家化も影響しているが、主因は滞留する農村人口が行き場のないまま小作世帯になっていったことによる。もともと耕作地が不足しているなかでの小作世帯の増加であり、当然 1 世帯あたりの耕地面積は狭くなる。

　青森・岩手・宮城の東北 3 県においては、それぞれ約 1.4 倍にも増えた小

表5-2 東北6県における合計出生率（1920〜40年）

	青森県	岩手県	宮城県	福島県	秋田県	山形県
1920	7.06	6.55	6.63	6.06	6.09	6.59
1921	6.62	6.11	6.37	5.48	6.19	6.12
1922	6.32	5.98	6.06	5.57	5.90	5.85
1923	6.67	6.24	6.64	5.81	6.19	6.22
1924	6.44	5.98	6.37	5.33	6.14	6.10
1925	6.48	6.01	6.23	5.71	6.12	5.91
1926	6.31	6.17	6.29	5.89	6.08	6.10
1927	6.41	6.01	6.12	5.65	6.22	5.82
1928	6.61	6.04	6.07	5.66	6.16	5.85
1929	6.08	5.90	6.00	5.52	5.71	5.54
1930	6.32	5.90	5.88	5.64	6.18	5.89
1931	6.09	5.59	5.75	5.37	5.86	5.36
1932	6.38	5.98	6.01	5.68	6.00	5.70
1933	6.16	5.53	5.53	5.33	5.73	5.39
1934	5.95	5.65	5.66	5.22	5.56	5.22
1935	6.11	5.73	5.63	5.40	5.83	5.48
1936	5.54	5.64	5.39	5.05	5.64	5.19
1937	6.02	5.62	5.58	5.34	5.44	5.31
1938	5.15	5.25	4.93	4.81	5.09	4.76
1939	4.49	4.78	4.65	4.49	4.55	4.46
1940	5.23	5.49	5.12	5.17	4.97	4.84

作農家世帯が、限られた小作地を競争で小作しようとし、1戸あたりは狭い耕作地を耕作して生活していたから、当然農業所得は減少の一途をたどることになる。その不足を都市での労働によってまかなうことはできず、農村内の雑用・工夫等の雑手取りによるか、北海道や外地への長期の出稼ぎによって補うしかない状態に置かれていたのである。都市への移動、労働ということでいえば、都市部の遊廓へ娘の身売りも行われた。

同時に東北地方の中小地主層も農業恐慌により没落し、中小自作農家や小作農家に転落し、地主であってもさらに零細となっていった。

青森県の1925（大正14）年から35（昭和10）年の統計では、小作農世帯が20％増であるのに対し、自作農世帯は12.7％の増加である。自作農もまた零

細化しているのである(41)。

　小作経営を自立した農業経営として考え、子どもたちの将来まで考えた事業設計を行うことなど、不可能である。中小自作農であっても、将来設計をする農業経営など、夢でしかなかったろう。

　こうした状況のなかで、東北農村型農村部においては多産状態が続いた。自立する志向性が生まれない以上、出生を抑制する意思も生じないのである。その結果、抑制されないままの出生が続いたのである。

　1920〜40年の東北6県の合計出生率の推移は前頁の表のとおりである。

おわりに

　都市近郊農村で1930年代に出産コントロールが行われた例があることは大門正克によりすでに指摘(42)されており、産児調節が都市だけのものではなかったことは、知られている。しかし、都市近郊農村部において自立した生活を獲得する希望とともに産児調節が行われたのと同じ時期に、東北農村型農村部においては、変わることのない多産と過剰人口に苦しみ続けていたのである。

　日本の農村のこの構造的な二極化が緩和され、農民家族の生活意識が同質化するためにはアジア太平洋戦争時の労働力不足と敗戦による農地解放を必要とした。さらに高度成長により労働者家族と農民家族の意識は共通化していき、その後、現在のような意識的計画的に家族を形成する現代家族の意識になるのである。その戦時戦後の経緯は第6章、第7章において叙述する。

（1）大門正克『近代日本と農村社会』日本経済評論社、1994年、95〜96頁。
（2）「日本農民組合本部　行政長蔵書簡」(『山本宣治全集第七巻』汐文社、1979年)214頁。
（3）太田敏兄「大正末期における組織農民の意識に関する研究」(『農民意識の社会学』明治大学出版会、1958年)。

（4）柴田一・太田健一『岡山県の百年』山川出版、2000年、179頁。
（5）上道郡教育会編『上道郡誌』臨川書店、1922年、1986年復刻、201頁。
（6）同前、203頁。
（7）同前、203頁。
（8）前掲柴田一・太田健一『岡山県の百年』189頁。
（9）前掲太田敏兒『農民意識の社会学』。当時、太田敏兒が雑誌などに発表したものは、現在はこの本に収録されているので、これを利用する。
（10）同前、142頁。
（11）同前、20頁。
（12）同前、9頁。
（13）同前、28頁。自小作、小自作の評価基準は客観的なものではなく、調査者・太田敏兒の評価が入るように思われる。
（14）同前、32頁。
（15）同前、38頁。
（16）同前、39頁。
（17）同前、44頁。
（18）同前、56頁。
（19）同前、57頁。
（20）同前、73頁。
（21）同前、74頁。
（22）太田敏兒『農民経済の発展構造』明治大学出版会、1958年、43頁。
（23）同前、27頁、第19表「家族関係による世帯種別　世帯数及び人口」による。
（24）同前、27頁、第20表「世帯主との続柄による世帯員数」による。
（25）稲村隆一「農村人口問題」（『産児調節評論』NO.5、1925年6月号）。なお、以下『産児調節評論』は不二出版から1983年に復刻されたものを使用する。
（26）女医・竹内茂代「より良き社会を次の時代に」（『産児制限』1928年11月号、通頁42頁、『性と生殖の人権問題資料集成第13巻』不二出版、2003年所収）。竹内は「堕胎は、医学的、消極的にやらないととんだ結果を引き起こし、女性の一生をだいなしにする」と、医療機関における妊娠中絶の普及を訴えた。
（27）イ・ガートルード・ビースレー「ロシアにおける産児調節」（『産児調節評論』NO.1、1925年2月号、不二出版、1983年復刻）において、ソビエトでは1920年には堕胎は医師以外の者が行ったときにのみ罰せられることや、ドイツにおいては1920年に堕胎罪廃止法案が国会に提出されたことなどが紹介されている。
（28）「具体化しつつある産児調節運動――今議会における画策」（『産児制限』1929年2月号、前掲『性と生殖の人権問題資料集成第13巻』所収）通頁78頁。

(29) 山本宣治暗殺の真相についてもさまざまな研究があるが、ここでは2012年刊行の大林道子『山本宣治と母多年――民衆と家族を愛した反骨の政治家』ドメス出版、206～208頁に要領よく最新の説がまとめられているのでそれを採用した。
(30) 玉真之介「青森県における借地市場と小作争議」(青森県環境生活部県史編さん室編『青森県史研究』第3号、青森県、1999年) 42頁下段、43頁の表1「小作料騰貴の原因別町村数」。
(31) 同前、43頁上段。
(32) 同前、44頁、表2「人口自然増加率の推移 東北6県と近畿6県の場合 単位パーミル」。
(33) 大阪府、京都府、滋賀県、兵庫県、奈良県、和歌山県。
(34) 前掲玉真之介「青森県における借地市場と小作争議」44頁、表2。
(35) 同前、44頁、表2より作成。
(36) 同前、44頁、表3「総農家数、小作農家数の推移 (1915年＝100)、東北6県と近畿6県」。
(37) 同前、44頁、表3。
(38) 同前、44頁、表3。
(39) 同前、44頁、表3。
(40) 同前、44頁、表3。
(41) 同前、47頁、表6「自小作別農家戸数の推移 (1915年を100とする指数)」。
(42) 大門正克「1930年代における農村女性の労働と出産――岡山県高月村の労働科学研究所報告をよむ」(『横浜国立大学経済学会 エコノミア』第56巻第1号、2005年5月発行)。

第6章

戦時期の国家政策と3類型の合計出生率の動向

第1節　戦時期の人口増加政策

　1920年代後半以降は、都市部や都市近郊農村部においては、計画的出産を「良し」とする意識がひろがり、新中間層家族や労働者家族そして都市近郊農村の農民家族には、コンドームや座薬による避妊さらに1927（昭和2）年以降はオギノ式避妊方法も自覚的に取り入れられていった。

　それぞれの方法は、効果もさまざまであり、必ずしも確実に避妊できたわけではないが、避妊に無関心なまま性交渉を行っている場合に比べ、妊娠する確率が低下したはずであり、医療的人工妊娠中絶に至るまでのさまざまな手段によって、出産の抑制を図っていったことは確実である。

　全く将来設計を考えずに出産するようなことは、都市部や都市近郊農村部においては少数になっていったものと考えられる。

　このような状況下で、都市部と近郊農村部の合計出生率は緩やかに低下し続けた。

　こうした合計出生率の緩やかな低下に加えて、1937年7月に勃発した日中戦争は全面化にともなって多数の有配偶若年男性層を兵士として動員したため、出生率は急激に減少した。

　その減少を全国普通出生率（人口1000人比）で示せば、1935年は31.6と30を超えていたが、1938年には27.2、翌1939年には26.6にまで急下降した[1]。出生児実数で示せば、1935年は210万704人だが、1938年には200万を切って192万8321人となり、1939年には190万1573人に減った。

全国合計出生率推定値で示せば、1935 年は 4.61 だが、1938 年は 3.96、1939 年は 3.88 となる。

　この出生率の低下に、戦争による死亡率の上昇も加わって統計史上初めて人口自然増加率（人口 1000 人比）が 10 を切った[2]。

　大量の有配偶若年男性の軍事動員が出生率の激減の原因と気づいた陸軍省は、「許す限りの範囲内において、兵員を有配偶者と未婚者と代替させる措置」[3] をとるとともに、産児制限も禁止し、出生率を上昇させて人口増加策をとるよう政府に要望した。これを受けた政府は、いわゆる「生めよ、殖やせよ」のスローガンを掲げて、結婚や出産の奨励を始めた。

　政府は 1940 年 5 月に国民優生法を公布[4]し、医師により行われていた人工妊娠中絶施術を禁止するとともに「故なく生殖を不能ならしむる手術又は放射線照射は之を行ふことを得ず」[5] と、医師による男性の精管結紮、女性の卵管結紮などの永久避妊手術を医師が施術する避妊方法を厳禁した。そして、これに違反した医師は「一年以下の懲役か千円以下の罰金に処す」[6] と医師の行う施術を警察の厳しい管理下に置いた。

　同 1940 年には、厚生省は初代所長を陸軍軍医少佐・安井洋とする国立優生結婚相談所を三越デパートに開設し、安井は「生めよ育てよ国の為」を最後のスローガンとする「結婚十訓」をつくる[7]。

　「結婚十訓」は、「一、一生の伴侶として信頼出来る人を選べ、二、身心共に健康な人を選べ、三、お互いに健康証明書を交換せよ、四、悪い遺伝の無い人を選べ、五、近親結婚は成るべく避けよ、六、成るべく早く結婚せよ、七、迷信や因習に捉はれるな、八、父母長上の意見を尊重せよ、九、式は質素に届は当日、一〇、生めよ育てよ国の為」と優生学の影響もある。

　こうした動きに呼応して、民間においては「生めよ殖やせよ」と言い換えられたスローガンが流布していく。1940 年 8 月には企画院が、冒頭に「出生増加の方策」を掲げる「人口政策確立要綱」を起案した[8]。

　1941 年 1 月、内閣は、企画院起草の「出生増加の方策」を第一に掲げた「人口政策確立要綱」を閣議決定し、各関係省庁が諸方策を協力して行うこととした。

　同年には厚生省は「結婚十訓」を掲載した『結婚のすすめ』[9] というパンフレットをつくり、巷に流布させていく。しかし、閣議決定で各省庁の協力を

謳った人口政策確立要綱は、各省庁関係者が集まって審議する審議会さえ設置されなかった[10]。

だが、たくさんの役所の外壁に「生めよ殖やせよ国の為」という垂れ幕がつるされ[11]、各県各地に公立の「結婚相談所」や「公営媒介所」が開設された[12]。こうしてスローガンは民間に流布していった。というより、むしろ、民間の方に、結婚斡旋所や結婚奨励会や小児保健報国会が結成され、育児報国会の全国大会も開かれるなど活発な活動が行われた。

朝日新聞社は健康乳幼児表彰を、日日新聞社は乳幼児審査会を行う[13]など、ジャーナリズムも「生めよ殖やせよ」の喧伝に務めていった。

第2節　戦時期の合計出生率の動向

婚姻率をみると、戦前平常時の1930（昭和5）年は7.9（人口1000人比）で、1939年までほぼこの数値が続いている。だが、民間の結婚斡旋所や結婚奨励会の活動が活発になった1940年には、婚姻率は9.3、1941年には11.0、1942年9.4、1943年には10.2 と上昇している[14]。これは、それまで婚姻届を出さない内縁関係の結婚であった男女が、軍事扶助金などの受け取りのために入籍するケースが多くなったとともに、男性が出征していく前に、駆け込み的に結婚することも多々あったためとされている。

では、結婚奨励策や出産奨励策は、3類型において実際の効果のほどはどうだっただろうか。

実は家族把握の基礎となる出生・死亡・婚姻・離婚については、1944年、1945年、1946年の原簿の戦災消失や、いわゆる終戦直後のどさくさのなかで、きちんと記録が残されておらず、統計は出されていない。

そこで、「生めよ殖やせよ」のかけ声が高く、日米開戦以前で有配偶出征兵士大量動員の影響を受けていない1941年の推計合計出生率を、確定値が出ている1930年と比較してみる。

〈都市型〉

1930（昭和5）年の合計出生率は東京3.51、大阪3.21、京都3.59である。1941年は、東京3.71、大阪3.43、京都3.53と推計できるので、東京は0.20、大阪は0.22上回っている。少産化が緩やかに進んでいた大都市部においては、若干の効果はあったといえようか。

〈都市近郊農村型〉

都市近郊農村型の場合、岡山県は1930（昭和5）年4.23、1941年4.31と若干上回っているといえよう。だが、千葉県は、1930年5.05、1941年4.79と0.26下回り、岐阜県は1930年5.47、1941年4.77と0.7も下回り、滋賀県は1930年5.47、1941年4.17と1.3も下回っている。

都市近郊農村型農村部においては、1925年以降は出生率の暫時的低下傾向が続いていたが、男性の軍事動員もあった戦時も同様に緩やかに低下しており、「生めよ殖やせよ」のスローガンは何の効果もなかったようだ。

〈東北農村型〉

東北農村型農村部の場合はどうだろうか。

岩手県は、1930（昭和5）年5.90、1941年5.33と0.57人減少し、青森県の場合は、1930年6.32、1941年5.34と減っている。

この減少には、有配偶男性の軍事動員を考えないわけにはいかない。だが、小作農民家族が多く、計画的出生が志向されず、いまだに5人を超える多産が続いていたことにも留意しなければならない。

宮城県は1930年5.88が1941年5.02と、福島県は5.71が1941年5.02人だが、ここでも多産は続いており、これは他の東北農村型農村部にもあてはまることであった。

おわりに

1945（昭和20）年は通年の出生数の統計はないが、1944年10月から1945

年9月までの特別統計が残されており、これによれば、この間の全国普通出生率は24.2にまで下がっている[15]。この間は根こそぎ動員となっており、有配偶若年兵士も含め若年男子の79%が徴兵されていた[16]からである。

政府が「生めよ育てよ国の為」と出産を奨励したのは1940年から1945年の敗戦までの一時期にすぎず、しかも、有配偶者男性のみならず、若者男性が軍事動員されているなかで、その効果はほとんどなかったのである。

だが、結婚することが何よりのご奉公になるという結婚報国が強調され、大日本婦人会が結婚促進の運動を起こし、「ある支部では、町内に25歳以上の男子未婚者と23歳以上の女子未婚者を一掃することを決め」[17]、「またあるところでは不妊者の検診をすることを決め、若い女性にとって目にみえない重圧」[18]となっていた。

これらの戦時中の経験が強烈な記憶として残り、この記憶が明治以降から昭和戦前期までの全時期を通じて出産奨励や人口増加政策があり、堕胎は厳禁され、避妊も抑圧されたとの論を生じさせたと考えられる。

(1)「人口動態総括表」(厚生労働省大臣官房統計情報部編『平成26年　我が国の人口動態』一般財団法人厚生労働統計協会、2014年)44頁。
(2) 人口自然増減率は、1930年14.2で、1930年代前半は11を切ることはなかったが、1938年は9.4、1939年は8.9となった。
(3) 利谷信義「戦時体制と家族」(福島正夫編『家族　政策と法6　近代日本の家族政策と法』東京大学出版会、1984年) 344頁。
(4) 国民優生法施行は1941年7月。
(5) 国民優生法第一五条。
(6) 国民優生法第一八条。
(7) 荻野美穂「産児調節から産児報国へ」(長野ひろ子他編『ジェンダーから見た日本史』大月書店、2015年)。
(8) 厚生省二十年史編集委員会編『厚生省二十年史』厚生問題研究会、1960年、214頁。
(9)『結婚のすすめ』1941年4月発行(『性と生殖の人権問題資料集成第21巻』不二出版、2002年所収)。
(10) 前掲厚生省二十年史編集委員会編『厚生省二十年史』218頁。

（11）湯沢雍彦『昭和前期の家族問題』ミネルヴァ書房、2011 年、340 頁。
（12）同前、340 頁。
（13）前掲厚生省二十年史編集委員会編『厚生省二十年史』218〜219 頁。
（14）厚生労働省大臣官房統計情報部編「人口動態総覧、年次別」(『平成 26 年 我が国の人口動態』一般財団法人厚生労働統計協会、2014 年)。
（15）前掲湯沢雍彦『昭和前期の家族問題』338 頁。
（16）加藤陽子『徴兵制と近代日本　1868—1945』吉川弘文館、1996 年、4 頁。
（17）永原和子『おんなの昭和史』有斐閣選書、1986 年、116 頁。
（18）同前、116 頁。

第7章

計画的出生養育の一般化

第1節　都市型・都市近郊農村型における計画的出生養育の一般化

1．都市型における労働者家族の計画的出生養育の定着

　都市部では新中間層家族や労働者家族が層として形成されてくる1920（大正9）年ころから出産の抑制が定着し始めていたが、他方、これらの家族層が増加すると出産する女性も多くなるので都市部においては合計出生率は3人台と4人台がせめぎ合っていた。

　とはいえ、東京、大阪、京都の合計出生率の平均値は1920年3.93人が1925年3.89人、1930（昭和5）年3.43人、1935年3.34人とわずかずつだが、低下傾向にあった。

　この低下傾向に1937年7月から始まる日中全面戦争への有配偶若年兵士の大量動員が拍車をかけ、1938年、39年に起こった出生率の急激な低下に対して、国家が1940年ころより出産奨励を行い出生数を増加させようとしたのは、第6章で戦時について述べたとおりである。

　戦争は出征兵士の生命やその家族の生活をも危機にさらし、都市部に対する空襲は労働者家族の生命と財産を奪った。戦争は日本の労働者家族を悲惨な状態におとしいれたのである。

　だが、敗戦は同時に庶民を戦争に駆り立てた大日本帝国権力を一時的に失わせ、焼け野原となった都市部にバラックを建てて暮らす生活ではあっても、人々は解放感を持って新しい時代を生きようとした。その解放感のなか

で、徴兵されていた夫や婚姻年齢の男子が帰還したことにより、ベビーブームと呼ばれる婚姻と出産ラッシュがあった。

空襲がなく人の人々の移動が少なかった京都府は、戦前平常時の1935年合計出生率推計値は3.54だったが、戦後の1947年は合計出生率推定値4.24、48年は推定値4.12とベビーブームになった[1]。

空襲の被害が大きく市街地の大部分が焼け野原となった東京でも、1946年ころから人も帰ってきて生活が再開されていく。東京府の1935年合計出生率推計は3.48だったが、1947年4.06と4人を超え、1948年は3.76と、やはりベビーブームと呼べる時期があった。

同じく空襲による被害が大きかった大阪は、1935年に3.02だったが、1947年3.90、1948年3.86と当地も明確にベビーブームがみてとれる。

だが、こうしたベビーブームは一過性のものにすぎず、平常時に戻った1950年の確定合計出生率は、東京都2.73、大阪府2.87、京都府は2.80[2]といずれも3人台を切り、これを戦時期やベビーブーム期の時期を外し、戦時体制に入る前のいずれも3人台を超えていた1935年と比較すると、明確に低下しているのである。都市の庶民家族は、確実に出産制限を行うようになったのである。

1950年代、個々の労働者家族が、自立的に出産する子どもの人数を決め、それを実現していくことができたのには、1948年に公布された優生保護法により医療機関での人工妊娠中絶が合法的に広く可能になったことが大きく影響している。優生保護法は、翌49年には経済的理由による妊娠中絶も合法化し、都市労働者家族の計画的出生の定着をよりいっそう医療的・法的に支えるようになっていた。

このため、優生保護法ができたことが出産抑制の原因だとする議論もある。しかし、優生保護法は、出産しないという意思を持った夫婦の、その医療的実行をしやすくしただけで、出産を抑制するように強制するものでも奨励するものでもない。出産するか、しないかを決めるのはあくまで個々の夫婦の判断であり、希望なのである。

平常の安定した生活環境となった1950年から5年後の1955年の合計出生率は、東京、大阪、京都はそれぞれ1.71、1.77、1.72と、5年で約1人低下する割合で急減した。その5年後の1960年の合計出生率は順に1.70、1.78、

表7-1 都市型における合計出生率の変動（1940〜65年）

	全国	東京都	大阪府	京都府
1940	4.14	3.31	2.94	3.27
1941	4.63	3.71	3.43	3.53
1942	4.50	3.57	3.08	3.55
1943				
1944				
1945				
1946				
1947	5.03	4.06	3.99	4.24
1948	4.87	3.76	3.86	4.12
1949	4.78	3.81	3.76	3.88
1950	3.65	2.73	2.87	2.80
1955	2.36	1.71	1.77	1.72
1960	2.01	1.70	1.78	1.69
1965	2.15	2.00	2.20	2.02

1.69とほぼ1955年と同水準である。

　都市部においては、表7-1にみるように合計出生率1.7前後で安定した社会が形成されたのである。都市部では、高度経済成長が始まる以前の1952年ころに、家族が出生養育する平均子ども数は、「子ども数は、1人か2人か、せいぜい3人」の「理想」の子ども数が、ほぼ定着したといえる。

　都市部のほとんどの庶民家族は、自立して生活設計し、生活設計の一環として出産する子どもの人数を自ら決め、理想と考えられた2名程度の子を「つくって」いったのである。

　1952年は、戦後の混乱期を過ぎ、「消費支出の実質的増加率が10％を越えたときで、貧困からの脱出と同時に、よりよい生活への志向」[3]という人々の能動的生活意識が広範に広まった時期である。都市生活者となった労働者家族のより豊かな生活への人生設計が計画的出生を獲得させていった要因であった。

　そして、1960年ころには、計画的に約2名の子どもを「つくる」ことが都市住民の常識となり、年々増していく生活の豊かさを、夫婦と子ども2人の平均的家族が享受するという生活が、都市における一般的な家族の姿と

なっていった。

　以後、労働運動の活発化によって賃上げ獲得の要求も実現されていき、都市の庶民の生活はさらに豊かなものとなり、新たな問題である若年労働者の非正規雇用化、低賃金化が生じるまでは、日本の都市は安定して次世代を生み出す社会となっていった。

2．都市近郊農村型農村部における計画的出生養育の定着

1 都市近郊農村型の農民意識調査からみる理想の子ども数

　1950年代の都市近郊型農村部における「理想の子供数」を1954（昭和29）年4月に太田敏兄が行った岡山県南部の農民意識調査[4]からみる。

　太田の調査は、1920年代に小作争議が激しかった県南4郡の旧小作農民家族の30年後を追うもので、1924（大正13）年に調査したときの小作農家は1125戸だったが、1954（昭和29）年にはすでに脱農家が進み、回答数は754戸に減り、無記入などを除くと424戸しか分析可能の戸はなくなっている[5]。

　当地にあっては1920年代の小作争議の結果、1930年代には独立自営となる農家も多く、1930年代以降は岡山市や西大寺市において工業が展開するにともない、夫は職工となり農業は妻が行う兼業農家も増加していた。工業地に近い部落では1954年までに30％以上が脱農した所もある[6]。脱農家族は、県内移動の他、大都市大阪、神戸をはじめ県外へ移動した家族もあった[7]。

　県内に残った農民家族を、太田は、大ざっぱに干拓型、古村型、都市・工場周辺型に分ける[8]。干拓型の藤田村や興除村は大農経営化と機械化が進む。古村型の場合、たとえば戦前の日農組合委員長の山上武雄・妻喜美恵の居住地の上道郡上道町内ケ原は、岡山市郊外になっており、1農家あたりの耕地面積は田畑9.3反（1反は約0.1ha）と少ないが、水稲早期栽培、跡作に商品作物栽培がされ、温室栽培の蔬菜苗販売や養鶏[9]などもあり、全体に多角的経営が盛んになっている。都市・工場周辺型の和気郡吉永地方などには付近に耐火煉瓦工場やクレー工場ができ、男性のほとんどは工場労働者化し、農業は女性労働中心の副業になっている[10]。

農地解放後の独立経営体における農民家族意識は、戦前のように仕方なく小作農家を継ぐのでなく、1954年には自立的農業経営に希望を持って家業を継ぐ[11]意識に変わっている。そして記入された意見をみると、家族に関する「希望」として、「結婚の簡素化、婦人労働の軽減、恋愛結婚」などとともに、「産児調節の必要」[12]が公然と語られている。

A 自作農家の22歳の長男は「民主的家庭を造り産児調節による家庭経済の安定を計る」[13]と書く。
B 自作農家で専門学校を卒業した50歳の男性経営主はすでに「家族計画」という言葉も知り、「家族計画　一姫二太郎」とする[14]。
C 5.7反[15]の耕地面積で小作も行う自小作農の44歳の「妻」は、「男子25歳、女子22歳で結婚し3か年間は子供を産まないように工夫し、以後一男一女と2人の子どもで充分」[16]と書く。

　太田の1954年の調査には1924（大正13）年のときにはなかった「妻」あるいは「主（女）」が散見されるが、戦争で夫を失い、妻が経営主となっているのであろうか。44歳の妻の場合、年齢的にいって姑の立場にある女性の息子世帯への意見とも思われるが、嫁の立場だった自分自身のこととしても読める。いずれにしろ、1954（昭和29）年には都市近郊農村型農村部にあっては、子どもは2〜3人程度が「理想」とされている。
　恋愛結婚への希望もあり、夫婦の和合とは「共に語らひ子供の為に身を挺する事」（48歳、世帯主・男性）[17]、「生活能力のあるだけの子供、夫婦の和合」（35歳、長男）[18]と、夫婦で養育する子どもの人数は生活設計とともに計画されているのである。
　子の教育に対する希望は高い。義務教育だけでよいは9人で、経済の許す限り教育をという層が59人と圧倒的に多く、高等学校への進学が39人とそれに続く[19]。
　女子教育については「女子は高校卒業後は専門に女の途を習得した方が将来家庭に入って便利なり」[20]と、将来は農家の嫁ではなく都市生活者と結婚することを目的としている。
　経済の許す限り教育する理由は、「出来る丈教育をつけて俸給生活者にし

てやりたい」(49歳、自小作)(21)と、子を農業に従事させるのではなく俸給生活者にしたいという希望のあらわれでもある。

都市近郊農村型農村部の農民家族意識は、夫は賃金稼ぎの労働に出る、農業労働は妻中心で副業的になるなかで、理想の子ども人数は「2人で良い」と、都市部と変わらなくなっている。

2 計画的出生養育の定着

岡山県の農業先進地帯邑久郡邑久村において、1951 (昭和26) 年に農業経営を分析した調査では、すでに一農家あたり3人という低い出生率になっていた。低出生率の理由は、生産性の高い農業経営とともに、家族に関する意識も変わり、「夫婦が中心となる実質的近代的家族制が現れ」(22)たからとされる。

合計出生率を岡山県にみると、1925 (大正14) 年は4.50だが、1935 (昭和10) 年には4.22、1940年には3.74と低下傾向に入り、戦後の1947年は都市部に似てやはり一時ベビーブームと呼ばれる時期を経て、1950年には3.18人と3人台前半になり、5年後の1955年に2.08人とほぼ2人になった。岡山県の合計出生率は、1925年の4.50から一貫して低下し、1955年に理想のほぼ2～3人になったことがみてとれる。

戦後の第一次・第二次農地改革により岡山県の農民家族は、経営体として全面的に自立していった。夫が工場等において賃金を取り、女性が農業労働の主になる兼業農家になった所では、子どもはできる限り進学させるなどの希望も強く、家族生活の設計が行われ計画的出生が獲得されている。受胎調節も理念としては理解されている。

都市近郊農村型農村部が存在する県の1950年から1960年までの合計出生率の推移をみると、岐阜県は1950年3.55、1955年2.26、1960年2.03である。愛知県は1950年3.27、1955年2.00、1960年1.88である。

滋賀県は1950年3.29、1955年2.24、1960年2.01である。兵庫県は1950年3.08 1955年2.02 1960年は1.88となっている。

これを平均化してみると、1925 (大正14) 年の平均4.92から低下傾向に入り、30年間1世代のちの1955 (昭和30) 年に平均2.12と半減し、「理想の子ども人数」を産むようになった。この地域の女性は、「以前」は5～6人程

表7-2 都市近郊農村型における合計出生率の変動（1940〜65年）

	全国	千葉県	岐阜県	滋賀県	愛知県	兵庫県	岡山県
1940	4.14	4.49	4.91	4.21	4.19	3.37	3.74
1941	4.63	4.79	4.77	4.17	4.33	3.86	4.31
1942	4.50	4.72	4.76	4.34	4.30	3.69	4.09
1943							
1944							
1945							
1946							
1947	5.03	5.46	5.33	4.69	4.79	4.43	4.88
1948	4.87	4.81	5.36	4.83	4.86	4.40	4.63
1949	4.78	4.75	4.91	4.43	4.57	4.16	4.31
1950	3.65	3.59	3.55	3.29	3.27	3.08	3.18
1955	2.36	2.56	2.26	2.24	2.00	2.02	2.08
1960	2.01	2.12	2.03	2.01	1.88	1.88	1.88
1965	2.15	2.31	2.22	2.19	2.23	2.15	1.99

度産んでいたが、1955年以降では2〜3人の子を産むようになったのである。

　これら都市近郊農村部を含む県も1955年に都市家族と変わらない子ども2人程度の家族になり、計画的出生養育を獲得したとみてよい。都市近郊農村型農村部にあっては、医療機関のある都市部に近いこともあり、出生の計画化はコンドーム使用やオギノ式避妊法の実行とともに、優生保護法のもとの多数の人工妊娠中絶によって行われた。

第2節　東北農村型農民家族の意識変化と計画的出生養育の一般化

1．1940年代の農民家族意識

1 1940年代後半ベビーブームのなかった東北農村型農村部

　東北農村型農村部の出生動向は、都市型や都市近郊農村型とは対照的と

いっていいほど異なっていた。その差異は、男性の軍事動員が激しかった戦時を除き、戦前には高い出生率が続いていたことである。第5章で明らかにしたように、1920（大正9）年から1940（昭和15）年までは小作農家が自立するのは困難であり、出産抑制の力は働いていなかった。

だが、アジア太平洋戦争期には米の増産や供出を目的に、1940年代に入ると実際に土地を耕作する小作農民を保護する政策がとられるようになり、多数を占めていた小作農民家族が経営を自立化させる動きが強まった。

そんななかで、小作農民家族も経営自立化の一環として出生抑制を考えるようになった。それに加えて男性が軍事動員されて居ないため出生率は下がり始めた。興味深いことには、終戦直後に都市部や都市近郊農村型にあったベビーブームが東北地域にはなかった。出征兵士の帰還による婚姻や出産はこの地域においても終戦直後は増加したはずなのである。今や自作農的経営となった農民家族が、自律的に出生抑制をした結果と考えられる。

岩手県の場合、戦前平常時1930年に5.90だった合計出生率は、1947年推計値5.47、1948年推計値5.39と低下している。青森県の場合、1930年6.32が、1947年推計値は6.00、1948年5.53と低下する。東北地域の他の県も同様である。

東北地方では、敗戦直後からはベビーブームの力を上回る出生抑制の力が働いていると考えざるをえない。いったいどのような力が働いたのか。

次に1947年に創刊され農民家族の出産や子の健康、それらに対する意識や意見など生活の実相を多く記録している雑誌『岩手の保健』[23]を基礎史料としてみてみることにする。それを通じて戦争中から1960年ころまでの農民家族の計画的出生志向の動向を、社会的経済的変化と家族・夫婦の意識の変化とともに考察し、出生率低下の要因を明らかにしたい。

2 1946年の産児制限講話にあらわれる農民家族意識

終戦直後から農民家族に産児制限要望が強くあったことは、1946（昭和21）年から、47年、48年と行われた一関市磐井病院の医師・酒井清澄の活動から判明する。

酒井清澄は、磐井病院を拠点に地域診療所をつくろうと花泉、真滝、平

泉、厳美、萩荘などの地域において巡回保健活動を行った[24]が、その際、各地の青年会、婦人会、部落の集まりにも出席して「産児制限の話をし、コンドームを配り、女性には性交後避妊のための洗浄方法」[25]を語ったと『岩手の保健』に書く。酒井が農民家族の間に受け入れられたのは無料健康検診を行ったこともあるが、当該時期においてすでに産児制限への要求が農民家族のとくに中年の母親のなかに強くあったからにほかならない。

酒井によれば、産児制限に真っ先に関心を示したのは子を多く持つ母親であった。母親たちは「民法改正で均分相続になったので自分の幼子を家の跡取りとなる長男の扶養にまかす無責任なことしない」[26]という意識により産児制限に関心を示した。母親のなかに、産んだ子の養育は産んだ親が責任を持たなければならないという意識が形成されている。それが、避妊方法への関心を呼んだのである。

そして、実際の産児制限は、優生保護法のないこの時期でも母体保護理由の人工妊娠中絶方法よって実行されていたようだ。酒井はそれについては「今のところ経費も相当かかり、色々の故障が起こって来る」[27]としている。1946年、戦後間もない1947年から、農民家族のなかでもすでに数人の子を持つ母親の間に出生抑制への強い要求があったのである。

③ 農地解放概観——岩手県の場合

1940年代後半の農地解放により1951（昭和26）年までに岩手県の小作農地のうち3万町が買収されて、自作農家族は約39％から75％に増え、約20％いた全小作農家は3％にまで減少した。残った小作地も小作権が保障され、かつての耕作権が確立せず地主による土地取り上げの恐怖のもとにあった小作農家族の地位は根本的に改善された[28]。

国はまず農産物の増産を最優先したため、農民家族の自作農化は生産者の増産意欲を奮い立たせ、農家経済は飛躍的に高くなっていく。岩手県では採草地・牧草地の多くも解放され、牛馬の飼育源を地主に頼っていた牧畜農家族も、自立的経営をする大きな手掛かりをつかんだ[29]。最も重要な産業の基礎をなす山林は解放されなかったが、地主勢力の支配から解放された新しい自作農家の男性経営者が農協のリーダーとなって、戦後の農業を担うこと

になった。

　1946年の岩手県における人口は121万7154人、1世帯の平均人数は5.7人[30]とされるので、11万戸余の農民家族は県人口の過半数を占め、多くの人々が戦前の生活とは比べものにならない経済的安定と上昇の生活に入っていった。

　自立的経営体になるとは、それまで地主の経営に従属していた農業経営も畜産業経営も農民家族が自分自身で自立して考えてやっていかなければならないということである。土地をどう使うか、何をどのように栽培するかという経営計画とともに、自分たちの生活をどうするのかも自分たちで設計せざるをえなくなってきた。その生活設計の一環として産み育てる子どもの人数も考えざるをえなくなった。それは産児調節要望となり、統計的には合計出生率の急激な低下としてあらわれてくる。

4 農民家族における理想の出生児数の獲得とその要因

　岩手県の北部二戸郡金田一村において、1952（昭和27）年になるが、東北大学医学部の学生たちにより「暮しに子供は何人必要か」の調査が行われた。

　乳幼児のいる農家57軒の調査である。3人と答えたのが37軒と圧倒的に多い。1940年代後期には「子どもは3人」が理想となっていた[31]。4人が7軒、5人が10軒、2人も2軒あるが、6人以上は一軒もいない。

　この調査は医学生が母子の検診と一緒に行っているので、対応しているのは基本的に乳幼児の母親である。「理想の子ども数」には、母親の希望が直接反映するか、すでに夫婦間で何らかの話し合いがあってのことである。

　岩手県において1930年に5.90だった合計出生率は、日米戦争以前の1941年に5.33だったが、農地解放後は1950年4.48、1955年3.01、1960年2.30、1965年2.22と低下する。理想の子ども数は3人とし、合計出生率には産まない女性も含むので計画的出生養育の定着を2人台前半とすると、岩手県においては1960年にそれは定着したといえる。

　岩手県の女性は1930年代には6～7人も産むのが普通だったが、1世代後の1950年代以降には2～3人程度しか産まないようになったのである。1世代で出生児数は著しく減少したことになる。

東北農村型農村部の農民家族が1960年に計画的出生を獲得した要因は、農業経営の独立化・自立化であった。

　農業経営の自立化が農民家族自身に計画的生活の設計を促し、その計画的生活の一環として出生児数を自律的に抑制していくことになったのである。

2. 1950年代の農民家族意識

1 1952年の受胎調節の普及度

　1950年代に入ると「受胎調節」という概念も農民夫婦の間に理解されていることは、1952（昭和27）年夏の岩手県北部の二戸郡金田一村における東北大学医学生部・学生会・社会衛生部の学生たちによる「受胎調節調査」から判明する。

　金田一村は1952年段階において交通の便もよく開けた村で、農家は平均耕地面積1.5町の自立的な農業経営が展開し、県北では土地も肥沃な所である。村には医師4名、助産婦4名がいて、乳児死亡率も管轄保健所のなかでは少ない[32]。1952年4月からは政府も助産婦に対して受胎調節実施指導員認定を始めていたので、「受胎調節」に関する情報も助産婦や本などからそれなりにあった所である。

　学生の調査に応じたのは、「1950年7月1日から1952年6月30日までの2年間に出生した子のいる家庭から抽出した95世帯」と「1951年1月1日から1952年7月の間に乳児死亡と死産のあった家庭23世帯」[33]とを合わせた118戸の農家・非農家の母親である。

　母親たちが聞き取りに応じたのは、医学生による母子無料健康検査が行われたからである。すなわち、1952年当時には農民家族の乳幼児を持つ母親の間にも乳幼児の健康に注意して医者にもみてもらい、子どもは健康に育てたい、母親も健康でいたいという積極的意識が形成されている。母親たちの育児への積極的意欲は、同時に受胎調節への意思をも示している。

　「受胎調節は必要か」に対し、農家では必要41人、不必要0人、解らない11人、答えなし6人である。非農家では必要44人、不必要4人、解らない

0人、答えなし6人[34]である。学生たちは「男性より女性の方が強い関心を示した」[35]、「こんなに産むのではなかったという母親の声をしばしば聞いた」[36]と記す。

　乳児のいる家が調査の対象なので母親の年齢層は20歳代前半から40歳前後までが想定されるが、いずれにしろ多くの者が「受胎調節」の意味を理解し、それが必要なことを自覚している。

　従来は計画のない多産があり、子どもは責任を持たなくても「自然」に育つものだった。

　だが、1952年当時には、農業経営にも自分たちが責任を持つように、産んだ子にも親が責任を持って子が一人前になるまで健康に育てなければならないという意識になっている。そのなかで、養育する子どもの人数にも理想が考えられ、計画的出生への意識が形成されているのである。

　実際の出生抑制は、女性の身体に負担のかかる人工妊娠中絶により行われたようだ。妻たちもできたら堕ろせばよいと思っていたかもしれない。とはいえ、女性の側にはオギノ式避妊方法などによる受胎調節＝避妊の必要は理解され、受胎調節に対応しようとする積極性もあったことは見逃せない。

　1952年は政府方針として受胎調節が活発になる年で、「受胎調節」は婦人会の座談会などで話し合われる事項になっており、婦人会から行政が行う施策などへの具体的提案なども出されている[37]。

2 1953年の進学事例からみる農民家族意識

　岩手県の場合、合計出生率を急低下させる要因のひとつは、独立経営となった農民家族の子の教育に関する大きな意識変化だった。岩手県全体では義務教育終了後に進学するのは戦前の1944（昭和19）年は7069人だが、1953年には1万2998人とほぼ2倍になった。1953年4月の高校進学者の事例[38]から、子を進学させる農民家族の意識をみる。事例はアトランダムに書かれているので、(a)(b)(c)(d)にまとめてみる。

　(a)小作農家から自作農家になった場合。自作経営は自分たちの判断で行わなければならない。そのため跡継ぎの子には高等教育を受けさせる動

きが加速した。科学的な農業経営と経済的豊かさを求め、自分たちと子のための自律的な将来生活設計の一環としての高校進学。

事例①　以前は暮らしが悪かったので頭のよい長男は進学しなかった。暮らしが良くなったので、三男は進学させる(39)。

事例③　終戦後、農地解放その他で生活が一層よくなってきた。長男でもあり農業高校へ入れて将来は農事に専念させる。

事例⑱　自分は無学で村の発言権がない。生活が向上した。せめて子に学歴がほしい。

(b) 従来自作農家の場合、新しい科学的合理的な農業経営を学ぶための農業高校進学。

事例⑮　部落では中位の農家。父は高小卒、母は女学校卒。科学的農業技術を身につけさせて将来、合理的な農業経営をやらせたいと考えての進学。

(c) 零細農家で他の職業に転じるため工業高校進学。

事例⑨　部落で中位の農家の長男。父は元警官、将来何の職に就かせるにしても高校だけは出さなければダメだ。

(d) 財産分与の代賞として二・三男や女子を進学させ、新しい職に就かせる。嫁にやるにも高校を出ていなければよいところにやれない。

事例③　次女。将来事務員にさせたい、高校商業科に進学。

事例②　農地解放後生活が楽になった。長女の成績が悪くないのでいれてやった。

事例⑬　部落で中位の農家の二男。将来、自活させるのに高校に進学させておきたい。

この他にも、女子を洋裁学校や洋裁塾などにやることを親が「進学させる」ということもある。これも「進学」に含めれば、女子の進学率は男児の進学率を少し超える(40)ともされている。

地主・小作制という村内秩序社会のなかで、人格的にも生活上も地主への従属が求められた時代から変わって、旧小作農家族も土地に肥料を入れて収穫の増加を図るなど従来の小作農家時代と異なる自立的経営をせざるをえなくなった。自立的経営のため、子を農業高校などに入れて知識の向上をめざ

すことが、進学率の上昇にあらわれている。その進学のなかには、娘を洋裁学校に通わせ、将来は農家以外に嫁がせたいとの計画もある。

　子の将来を展望できることになったと同時に子の将来を考えざるをえなくなるという状況が進学率の上昇を生み、そのために計画的少産という意識を確立していったのである。

③ 1950年代後半の合計出生率低下と農民意識

　『岩手の保健』の編集者・大牟羅良は、保健婦から聞いた話として「1956年以降は35歳過ぎの出産はない」[41]と1958（昭和33）年に書いている。

　1965年にはある老婆が「俺たちの時は二十年近くも毎年腹がふくれたりひっこんだりした」が「今の人たちは一生のうちにせいぜい二回か三回のお産だ」[42]と述懐する声も残され、岩手県においては、出生児数が一変した様子がうかがえる。

　1900（明治43）年代生まれの女たちの計画性のない多産から、1世代後の1930～40年代生まれの女たちは、2～3人の子の計画的出産へと急激に変化している。1950年代後半からは東北農村型農村部の農民家族においても、子どもは母親が35歳までに2人か3人「つくれば」[43]、それ以上は産まないという意思が夫婦の間に形成されてきている。

　調査にあらわれるように「受胎調節」に対する夫婦の関心と実施も高まっている。コンドーム使用、オギノ式避妊方法なども知られ、受胎調節は思想として夫婦の間に受け入れられ、夫婦が自律的に少産化を選択するようになった。これが、妊娠数そのものを低下させたといえよう。

　ただ、実際には「産まない」ことの多くは人工妊娠中絶によって行われたようだ。和賀郡沢内村の場合、1963（昭和38）年度の出生人数は123人だが、人工妊娠中絶の件数は204件と判明する[44]。

　この人工妊娠中絶の多数は夫婦が出生調整を図ったものであり、これ以上産まないという夫婦の自律的意思によるものである。こうした夫婦の自律的意思が出生児人数を急激に減少させている。計画的出生という意識はより質の高い育児への要求であり、乳児死亡を減らしていくものでもあった。

3. 1960年代の農民家族意識

1 保健婦の述懐

　保健婦制度が始まった1942（昭和17）年から岩手県南部の江刺市で18年間保健婦として働いていた伊藤しげ子は1959年、次のように回想している。戦前は「子供はほしいのかほしくないのか考えてもみないうちに妊娠」した。

　だが、現在（1959年）は「妊娠中に一度も検診を受けないで出産する者はなく、(中略) 定めた相談日に母親がやってくる。姑もこころよく送り出す」[45]と村の意識が変わったとする。そして伊藤は、その背景には医師による妊婦・乳児検診や保健婦の育児相談などあるが、さらにその根底には、「戦後の土地改革で家のくらしが向上し、また農機具の普及で労働面も楽になり、進学者もふえ、知識の向上」[46]もあると述懐している。保健婦として農民家族の実態にまで入った深い洞察というべきだろう。

　1960年には県北の二戸郡安代町の保健婦・長井恵子は受胎調節の必要性を話すため部落に入ると、年老いた姑たちが「自分たちは九人も十人も生すだけ生しておいて、嫁にあまりたくさん生すなっていえない、どうか保健婦さん娘たち集めて、よく教えてくんなせや、と言う」[47]と書く。

　伊藤の述懐は、母親が子育てを祖父母に任せて野良仕事をするのではなく、野良仕事を休んでも母親が育児検診に連れていくように育児の責任者は母になっていることを示唆する。長井の述懐は明治生まれの姑たちの多産が、1世代交替で少産に劇的に変化していくことを示している。

　戦後の岩手県の婦人会を分析した大門正克は、1950年代の岩手県において「子育てを祖父母に任せて農作業や家事をするのでなく子育ては母の役割とすることは婦人会からも積極的に提起され、新しい統合理念を呼び込むことになるが、それにより生存の取り組みがなされている」[48]ことに注意を喚起しているが、保健婦の述懐は、母による育児が子の生存に効果があると認識されて、村落内にあって社会的にも認められる共通意識になっていることを示しているといえるのである。

2 農民家族における計画的出生の定着

　農民家族においても、子どもを健康に育てたいという希望のもとで母による育児が強調されるのが『岩手の保健』に1961（昭和36）年から連載が始まった「読者が作った農村向育児法」（以下「農村向育児法」）である。「農村向育児法」は岩手医科大小児科の医師・石川敬治郎が書いたものだが、読者からの投稿が多く引用され[49]、1960年代初頭の農民家族の育児意識が具体的に判明する。モデルの子は1960年生まれの「健」。「いつのまにか体に入り、生まれ、大きくなった」[50]と感じる明治生まれの「健」の祖母世代の産育習俗や意識と、1960年に出生育児する親世代家族の意識変化が対比的に構成されている。

　「農村向育児法」は『岩手の保健』に掲載されているとはいえ、ここからは1960年前後の全国各地の東北農村型農村部の農民家族一般の出生養育の意識変化を読み取ることができる。次に「農村向育児法」を分析し、1960年には東北農村型農村部においても夫婦が自律的に出産を計画し、母が育児の主体とされるようになったことをみる。

〈夫婦は出産を計画する〉

　モデルの子「健」の父親は1937（昭和12）年農家に生まれた跡取りの23歳、中学卒業後、家業の農業のほか短期間の出稼ぎに時折出ていく[51]。母親は1940年生まれの隣村百姓の娘、中学を出て家の手伝いをしながら定時制高校を卒業し、お見合して1959年3月結婚したという想定である。「育児法」は健の母親を主人公の「私」として書かれているので、以後「私」からみた関係で叙述する。家族には「私」の舅姑と夫の妹ミナコと弟良夫がいる（4人とも年齢は不明）。田ときび畑の耕作は主に舅と若夫婦で行い、家の前の畑で姑が野菜などをつくり町へ売りに行くという経営で、家族の台所は姑が管理し炊事を行っている。

　「私」は結婚後の1960年正月、夫と一緒に実家に泊まりに行く途中、「何時ころ子ども産んだら良いか」と話し合う[52]。「私」は「4月に産みたい。妊娠後半楽だし」と言うと、夫は「4月は忙しくなる」と言って黙った。ここには、農民家族にとって女性労働の問題として重要な「何月に産むか」に

ついての夫婦の間の話し合いが描かれている。

1961年に「農村向育児法」に投稿したある嫁は、「子供がいらないわけではないが、農作業のことなど考えないで子供を無計画に産もうと思わなかった」、「夫と二人で話をして、一年目だけは妊娠しないよう」、「二人で保健婦さんを訪ねて相談した」[53]という。

1960年代初頭、農民家族においても、子どもは予定して「つくる」ことが一般的になっている。自立的農業経営において生活設計せざるをえないなかで、その生活設計の一環として子どもを「いつ、何人産むのか」を夫婦中心で決めるようになっているのである。

先述の1961年結婚の投稿者の場合「そろそろ子供をつくろうと思い始めたころ、借金で夫は出稼ぎ」[54]になったため、結局、結婚4年半後の農繁期の5月末に産むことになった。夫が舅姑に報告すると、姑は「今の人たちは一生のうちせいぜい二回か三回のお産」[55]だからゆっくり休めと言う。これは1965年の会話だが、1960年代には農民家族でも子どもは2〜3人「つくる」ことが当たり前になっているのがわかる。

〈婦人会活動と生存の取り組み〉

1961（昭和36）年には「前沢町農家の嫁ゴ」と表記された菊地安子[56]の投稿が掲載された。菊地は戦後間もなく町場から農家に嫁いだ女性だが、「俺たちの時は」と姑が口癖のように言うことを聞いて「まったく不慣れな農作業に身も心もつかれ、ただ立っているのさえ苦痛なほどだるく、重苦しい明けくれで、妊娠中に食欲のおとろえたまま、とるものもとらずに過ごし、11月末の寒い日に、五百匁足らずの子を」8か月で早産し、その長男を生後23日めに亡くした。その後、長女、次女と産むが長女は姑が与えた不衛生なジュースを飲んで死亡した。菊地安子は「わが子については親の責任、育児への勇気と強固な意志を持」[57]ち、子どもの健康を守る婦人会の運動に加わり、村の保健委員になって保健婦とともに妊婦検診や乳児検診を勧める。1958年には助産所で健康な次男を産んだ。

1950年半ばころには、育児を祖父母に任せて農作業や家事をするのでなく、「わが子については親の責任」として子育てを担おうとする農家の母親があらわれてきたのである[58]。岩手県においてはそのために婦人会活動に

表7-3　東北農村型における合計出生率の変動（1940〜65年）

	全国	青森県	岩手県	宮城県	福島県	秋田県	山形県
1940	4.14	5.23	5.49	5.12	5.17	4.97	4.84
1941	4.63	5.34	5.33	5.02	4.93	5.08	4.72
1942	4.50	5.37	5.16	5.01	4.81	5.24	4.76
1943							
1944							
1945							
1946							
1947	5.03	6.00	5.47	5.52	5.52	5.56	4.64
1948	4.87	5.53	5.39	5.43	5.34	4.95	4.64
1949	4.78	5.93	5.52	5.38	5.36	5.24	4.76
1950	3.65	4.81	4.48	4.29	4.47	4.31	3.93
1955	2.36	3.15	3.01	2.73	3.01	2.75	2.45
1960	2.01	2.47	2.30	2.12	2.42	2.09	2.04
1965	2.15	2.45	2.22	2.08	2.31	2.03	2.04

参加し保健委員になる女性もいた。子どもの健康な成長のために育児は母が担うという理念は舅姑のいる農民家族にも受け入れられ、またそれは、村全体の社会的共通意識となっていったことは先の保健婦の述懐からもわかる。

そして、モデル夫婦は子どもはせめて高校までは行かせたいと将来設計をする[59]。「農家向育児書」は、子が1歳の誕生日を迎えるところで終わるが、子を高校まで行かせたい[60]と考える夫婦は、子どもは2人程度の家族となるだろう。

第3節　毎日新聞世論調査からみる3類型の計画的出生動向

　都市型、都市近郊農村型、東北農村型の3類型とも1960年代には「子どもは2人程度計画的出生養育」という家族意識が一般化していることを、1950（昭和25）年から始まった毎日新聞社の「産児調節に関する全国世論調査」から確認しておこう。

調査が始まる前年の1949年5月に政府は避妊薬を公認し、優生保護法に経済的理由を認めて妊娠中絶を「自由化」していた。調査は全国標本対象調査で、対象は妻の年齢が49歳以下の夫婦、1952年の第2回から6大都市部、市部、郡部の3つに分けられており、これまでみてきた3類型に通底する大きな動向が判明するので、この調査における「避妊実行中、実行経験あり」と「避妊実行経験なし」の数値変動を、計画的出生志向への意識変動の判断基準とし、各類型の動向を再確認したい。

1950年の調査は4月下旬に行われ[61]、地域区別は市部と郡部の区別しかないが、「避妊実行中、既往実行者」は、市部33.9％、郡部26.6％と両者には7.3％の相違がある。「なし」は市部59.3％、郡部65.9％[62]とこちらにも差がある。

1951年に政府は受胎調節普及を決め、1952年度予算には助産婦を対象に受胎調節実施指導員認定講習費を認めるという状況のもと、第2回調査は1952年5月上旬に実施された[63]。この年から6大都市、市部、郡部と3つに地域分けされている。

「避妊実行中、既往実行者」は、6大都市で52.0％、市部46.0、郡部34.6％、「なし」は、6大都市で42.3％、市部で50.0％、郡部60.5％[64]と、まだ「地域によって大きな差異」[65]がある。

とはいえ、どの地域も「なし」は減り、「子供は二人が理想的」が増え、既婚女性の場合避妊実行の理由が「生活を楽しむため」が「1950年の16.9％から1952年18.5％」[66]に増えている。これは、都市型家族が生活を楽しむ豊かさを求めて計画的出生養育の避妊実行に入ったことを示すといえよう。

第3回調査は、6大都市や市部の都市家族が加速的に増加していき反対に郡部在住家族が減少、戦後結婚した男女が40％を超えた1955年に行われた。1955年調査報告の見出しは「普及した受胎調節」となり、「避妊実行中と既往実行者」は6大都市56.6％、市部52.9％、郡部50.8％と、どの地域も50％を超えた[67]。

「子供はもういらないという気持ちは地域の違いによってどのくらい違っているか」を数値化したものによれば、1955年には6大都市は119.2、その他の市部は98.5、郡部は88.9[68]で、出生抑制は都市部では充分に実現し、

市部ではほぼ実現、郡部はいまだということである。

ところが、1961年の第6回調査を経て1963年の第7回調査においては、避妊現在実行率は大都市42.6％、中都市40.9％、小都市43.9％、郡部46.4％と、むしろ郡部の方が高くなり、妻の場合は以前に実行した人を加えると、大都市64％、郡部65％と高く、避妊の実行に地域的差はなくなった[69]。

コンドームやオギノ式避妊方法などが普及したと思われる。だが、避妊に失敗することもあり、実際には計画的出生は、多くは人工妊娠中絶によって行われた[70]が、計画的出生実践としての避妊の普及は地域別にみて大差はなくなった。第1節・第2節で論証したことが毎日新聞世論調査においても検証されたのである。

さらに、1963年には結婚当初から避妊を始めた妻は16％と1959年5％の3倍となり[71]、「いつ、産むか」を選ぶ家族の率も高くなっている。避妊実行の理由は「子供の教育」が43％と最高となり、生活苦は12％と急減した。

1963年に初めて「家族計画（子供の数や生まれる時期をよく計算して産むようにする）についてどう思うか」[72]の質問が設けられたが、88.0％がよいことだと思うとしている。計画的出生養育志向が全国的に一般化したことを1963年の世論調査は示している。

おわりに

幾人出生養育するかを計画して子どもを「つくる」ことは昔から行われていたわけではない。それは、都市部においては1952（昭和27）年ころに、都市近郊農村型農村にあっては1955年ころに、東北農村型農村部においては1960年ころに一般化したにすぎない。

1952年ころから「家族計画」という言葉が、避妊を示す言葉として使われ始め、1955年『婦人公論』の読者調査で334人の女性たちの声を聞くことができる。女性たちは、子どもを何人持つかについて夫婦で話し合いをし、避妊の実施には夫婦間の協力が不可欠となっていることを証言している[73]。

都市部も農村部も含めて、出生養育をめぐって1950年代に行われたこと

は、夫婦が家族の経営主体となって生活向上をめざす巨大な意思と行動のあらわれであった。ここに近代が隅々に行き渡ったのである。妊娠中絶は避けたかったという女性の声が大半であり[74]、個としての辛い経験が避妊の実行率を上昇させていった[75]。

1950年代半ばから70年代半ばまでは、計画的出生養育を獲得した労働者家族や農民家族が多数を占めて社会の安定期だった。労働者家族には性別役割分担があり、それに対しさまざまな批判があることは重々承知しているが、批判はありながらも夫の給与と妻の補助的収入で、次世代の2〜3人程度の子どもを育て教育していくことが可能な社会であった。

（1）厚生省は、出生児数については1944年、45年、46年分は公表していない。「人口動態総覧」は空白である。出生届などの原表が空襲などで焼け、また、46年も行政の混乱で算出されていないためである。
（2）普通出生率は『日本統計年鑑』から、合計特殊出生率は、人口問題研究所編『人口の動向 1988』厚生統計協会、1989年、144頁から採取した。
（3）中川清「都市日常生活のなかの戦後──民衆にとっての人工妊娠中絶」（成田龍一編『近代日本の軌跡9 都市と民衆』吉川弘文館、1993年）285頁。のち中川清『日本都市の生活変動』勁草書房、2000年に収録。
（4）太田敏兄「農地改革後における農民意識にかんする研究」（『農民意識の社会学』明治大学出版会、1958年）375頁。
（5）同前、375頁。
（6）同前、173頁。
（7）同前、172頁。
（8）同前、173頁。
（9）前掲太田敏兄『農民意識の社会学』176頁。
（10）同前、176頁。
（11）同前、391頁。
（12）同前、399頁。
（13）同前、399頁。
（14）同前、399頁。
（15）1反は約0.1ha。
（16）前掲太田敏兄『農民意識の社会学』399頁。

(17) 同前、399 頁。
(18) 同前、400 頁。
(19) 同前、406 頁。
(20) 同前、409 頁。
(21) 同前、415 頁。
(22) 林茂「農業の構造的進化と農村人口」(農村人口問題研究所編『農村人口問題研究 第三集』農林統計協会、1954 年)。
(23) 『岩手の保健』は岩手県国民健康保険組合連合会が刊行した機関雑誌。金沢文圃閣から 2009 年に復刻されたものを利用する。頁数は合本された巻の通頁とする。
(24) 蜂谷又平・小池平和『昭和の赤ひげ先生　酒井清澄』本の森社、2001 年、59 頁。
(25) 酒井清澄「産児制限が農村に理解されるまで」(『岩手の保健』8 号、1949 年 4 月発行)。
(26) 同前。
(27) 同前。
(28) 長江好道他『岩手県の百年』山川出版、1995 年、242 頁。
(29) 同前、244 頁。
(30) 「都道府県別世帯数及び世帯人数」(『日本長期統計総覧第 1 巻　人口』日本統計協会、1987 年) 170 頁より算出。世帯数の数値は 1947 年。
(31) 東北大学医学部学生会・社会衛生部「農村の母親たちはこんな環境に生きていた――二戸郡金田一村の母子衛生調査 (第二報)」(『岩手の保健』29 号、1953 年 5 月発行) 175 頁。
(32) 東北大学医学部学生会・社会衛生部「農村の母親たちはこんな環境に生きていた――二戸郡金田一村の母子衛生調査 (第一報)」(『岩手の保健』26 号、1952 年 11 月発行) 395 頁。
(33) 同前。
(34) 前掲東北大学医学部学生会・社会衛生部「農村の母親たちはこんな環境に生きていた――二戸郡金田一村の母子衛生調査 (第二報)」176 頁。
(35) 同前、177 頁。
(36) 同前、175 頁。
(37) 同前、177 頁。
(38) 小野寺正雄「どのように進学者が増えたか」(『岩手の保健』36 号、1954 年 5 月発行)。事例は岩手県江刺郡黒石中学。
(39) 事例の丸数字は前掲小野田正雄「どのように進学者が増えたか」の記事に付されている番号である。
(40) 大牟羅良「進学者は何故倍加したか」(『岩手の保健』35 号、1954 年 3 月発行)。

(41) 大牟羅良『ものいわぬ農民』岩波新書、1958 年、195 頁。
(42) 「第 14 回　農村向育児法」(『岩手の保健』74 号、1965 年 8 月発行) 327 頁。
(43) 同前、327 頁。
(44) 菊地武雄『自分たちで生命を守った村』岩波新書、1968 年、104 頁。
(45) 伊藤しげ子「昔の農村と今の農村――こんなに変わろうとは夢にも考えなかった」(『岩手の保健』56 号、1959 年 10 月発行) 118 頁。
(46) 同前、118 頁。
(47) 長井恵子「姑さんと受胎調節」(『岩手の保健』58 号、1960 年 4 月発行) 258 頁。
(48) 大門正克『日本の歴史一五　一九三〇年代から一九五五年　戦争と戦後を生きる』小学館、2009 年、339～340 頁。
(49) 北河賢三「解説」(『『岩手の保健』解説・総目次細目・索引』金沢文圃閣、2009 年)。
(50) 「第 16 回　読者がつくった農村向育児書」(『岩手の保健』76 号、1966 年 5 月発行) 128 頁。
(51) モデルの親子については「第 2 回　どの子もすこやかに！　農村向育児法」『岩手の保健』61 号、1961 年 4 月発行) からまとめた。
(52) 「第 2 回　農村向育児法」(『岩手の保健』61 号、1961 年 4 月発行) 105 頁。
(53) 「第 14 回　農村向育児法」(『岩手の保健』74 号、1965 年 8 月発行) 323 頁。
(54) 同前、323 頁。
(55) 同前、323 頁。
(56) 「第 3 回　農村向育児法」(『岩手の保健』62 号、1961 年 8 月発行) 198 頁。
(57) 同前、192 頁。
(58) 前掲大門正克『日本の歴史一五　一九三〇年代から一九五五年　戦争と戦後を生きる』339～340 頁。
(59) 「第 16 回　農村向育児法」(『岩手の保健』76 号、1966 年 5 月発行) 128 頁。
(60) 同前、129 頁。
(61) 結果は同年 5 月 21 日の『毎日新聞』朝刊に発表された。
(62) 『毎日新聞』1950 年 5 月 21 日の「本社世論調査――人口調節について」7 版。
(63) 結果は 1952 年 6 月 16 日の『毎日新聞』朝刊紙上に発表された。見出しは「産児調節の実態」。
(64) 毎日新聞社人口問題調査会編『日本の人口』毎日新聞社、1952 年、289 頁。
(65) 『毎日新聞』1950 年 6 月 16 日朝刊 13 版。
(66) 『毎日新聞』1950 年 6 月 16 日朝刊。
(67) 『人口問題研究』62 号、厚生省人口問題研究所、1955 年 12 月号。
(68) 同前、61 頁、第 8 表。

(69) 毎日新聞社人口問題調査会編『日本の人口革命』毎日新聞社、1970年、170頁。
(70) 同前、179頁。
(71) 同前、194頁。
(72) 同前、189頁。
(73) 村松稔「受胎調節と人工妊娠中絶の調査報告――本誌愛読者三三四名の調査による」(『婦人公論』第40巻第6号、1955年6月号) 215頁。
(74) 同前、219頁。
(75) 前掲中川清「都市日常生活のなかの戦後――民衆にとっての人工妊娠中絶」。

第8章

家族形成の新たな困難

はじめに

　全国合計出生率は1975（昭和50）年に1.91[1]と2人を切るようになった。その後も一貫して2人以下であり、1993（平成5）年は1.46と1.5人を切るようになり、以後、現在まで1.5を切る合計出生率が続いている。

　その原因についてはいろいろな議論があるが、結婚による出産が大部分を占める日本においては、婚姻した女性の産む子どもの数が変化したのでなければ、婚姻率の低下が大きな原因となっていることは間違いない。

　婚姻した女性が産む子どもの数には大きな変化はなく、その平均値は現在も2人程度である。したがって合計出生率の低下は、もっぱら婚姻率の低下によっているものとしか考えられない。

　婚姻率の低下は、女性の未婚率の上昇であり、同時に男性の未婚化ということでもある。結婚しない男女の比率が増えていることが、現在の合計出生率の低下の基本的な原因なのである。

　だが、女性の未婚率の増加が合計出生率の低下の原因であるといっても、1975～85年までと、それ以降とでは未婚率の上昇の内容は異なっている。

　したがって、女性の未婚率の上昇とそれによる合計出生率の低下を、1985年までと、それ以後とに分けて考える。

第1節　1975～85年の合計出生率の低下とその要因

1．1975～85年の合計出生率の低下と女性未婚率の上昇

1 1975～85年の合計出生率の低下

　全国合計出生率は1960（昭和35）年に2.00になって以来、1965年2.14、1970年2.13、1974年2.05[2]と、1975年に1.91となるまで2人台に安定していた。

　1950年代以降、男女の多くは結婚し、都市部においては圧倒的多数を占めるようになった労働者家族は、性別役割分担のもと夫は終身雇用の会社や工場の正社員となり、大企業のみならず中小企業においても男性1人の稼ぎで家計を充足させ[3]、妻は専業主婦であってもパート等をすれば子ども2～3人を出生養育できる家族になっていった。

　高度成長期を経て、第一次産業の農林業の衰退など産業構造は大きく変わって工業社会になり、労働者家族の経済生活は戦後のぎりぎりの生活から一定の余裕を持ったものとなった。1960年前後に結婚した者は、ほとんどが安定した労働者家族になり、全国合計出生率も人口をわずかに上昇させる2人台の前半で終始した。

　しかし、経済的な安定にもかかわらず、1975年に全国合計出生率は1.91になり、これ以降2を切り続けて1980年には1.75、1985年には1.76と、1.7人台になる。

　1975年以降の2人を切る全国合計出生率の低下には2つの要素をみる必要があろう。

　日本では子どもの出生は圧倒的に婚姻による出産が多く、未婚の出産は著しく少ない。そのため女性の未婚率の上昇は必然的に合計出生率を低下させるため、まず女性未婚率の変化が問題にされなければならない。

　次に結婚をした女性も子を産まない場合があり、また、産む場合も子を何人産むかによって合計出生率は変化する。したがって、女性未婚率の変化と

婚姻した女性が何人の子どもを産んでいるかを検討しなければならない。

順番は逆になるが、まず、既婚女性の出生児数からみていこう。

〈既婚女性の出生児数〉

既婚女性の出生児数をみると、結婚持続期間が15～19年続いた夫婦の完結出生児数は、1967（昭和42）年に2.26になって以降、1972年に2.20、2002（平成14）年の2.23、2005年2.09[4]まで、約40年間、ほぼ一定水準で安定していた。夫が農林漁業に従事する場合ではやや高く、ホワイトカラー層ではやや低い傾向にあるが、結婚形態や妻の最終学歴などによって大きな差はみられない[5]。ちなみに、調査が始まった1940（昭和15）年は4.27、1952年3.50、1957年3.60、1962年2.83であった[6]。

落合恵美子が言うように、戦後1960年ころから1985年ころまでに結婚した夫婦は、結婚形態や妻の最終学歴などによる大きな差はなく、当時は結婚すれば平均して2～3人程度の次世代の子を出生養育している「再生産平等主義」[7]の時代であった。

夫婦の完結出生児数からみれば、合計出生率の低下の原因が一家族の子ども数が減少したためではないことが明らかである。

したがって、1975年以降の合計出生率が2人を切るように低下した原因は、女性の未婚率の上昇にあるということになる。

2 **女性未婚率の上昇とその要因**

〈女性未婚率の上昇〉

女性の場合、出産が困難になる35～39歳の未婚率は、1955（昭和30）年は3.9％、1960年は5.5％[8]である。自己意思により生涯結婚しないという人生を選んだ女性も、1960年以降、約4％くらいの割合でいる[9]とされるので、意思的に結婚しない女性の他に適当な配偶者をみつけられなかった女性が1960年には1％強はいたということになる。

166頁の総務省「国勢調査」の折れ線グラフ「年齢別未婚率の推移」からわかるように、35～39歳の女性の未婚率は1970年5.8％、1975年5.3％、1980年5.5％だったが、1985年には6.6％と上昇していく。意思的に結婚し

ない女性が4%程度とすれば、意思的にではなく結婚できない女性が、1970年の1.8%から1985年には2.6%へと上昇していることになる。

婚姻率（人口1000人比）は、1972年は10.4、1985年6.1[10]だから婚姻そのものも減少した。

現実の婚姻数を見ると、1970年102万9405件、1972年109万9984件へと増加を続けた婚姻数は1972年をピークに、1984年73万9991件[11]へと13年年間で28%も減少している。

明らかに、1972年から1985年までの間に、婚姻が著しく減少しているのである。その結果、35歳以上の女性の未婚率も上昇していったのである。

〈1985年　男性未婚率の上昇〉

女性の未婚率上昇の要因を解明するため、まず、1960（昭和35）年から1985年のまでの男性未婚率の上昇とその要因をみよう。

未婚率に影響する婚姻適齢期の20〜34歳までの男女の人口比を『日本長期統計総覧第1巻』から算出すると、1960年は、女性100に対して男性99.1で、女性が0.9%ほど多い。

自然の状態では通常、男性は、女性100に対して105程度と多く誕生するが、男性は生物的に女性より脆弱で成人するまでに死亡する割合が高い。ここにはそれが影響している。1960年の35〜39歳の女性の未婚率5.5%のうち0.9%は男性人口に対する女性人口の多さに影響されている。その影響を除いた女性未婚率は4.6%である。

なお、この未婚率には当然のことながら意思的に結婚しない男女の比率も算入されている。

だが、1960年代以降の医療や公衆衛生の驚異的発達により乳幼児期の男子死亡率は激減し、成人に達する男性は増加した。1985年の20〜34歳の男女人口比は、女子100に対し、男子102.8と男性が多くなった。

1975年以後、35〜39歳の男性未婚率は上昇を始めて1985年に14.2%になる。ここから性比アンバランス2.8%を除外し、さらに女性の意思的結婚忌避者4%を除外した7.4%が、性比アンバランスや意思的結婚忌避者の影響ではない、新たな要因による男性未婚率の上昇と推定される。

〈男性未婚率上昇の新たな要因〉

　男性未婚率上昇の新たな要因を探るため、35～39歳男性未婚率が1960（昭和35）年の3.6％から1985年14.2％と4倍化するまでの婚姻率（人口1000人比）を地域別にみてみよう。

　「都道府県別にみた年次婚姻率（人口千対）」[12]によると、1960年全国婚姻率が9.3のとき、農業県の岩手県は8.5、秋田県8.8、山形県8.1、新潟8.0県など、全国平均をやや下回る程度だった。

　だが1970年に全国婚姻率10のとき、岩手県7.4、秋田県7.6、山形県7.1、福島県7.4、新潟県7.87、山梨県7.7など、7台に下がる。山陰の島根県は6.9と7をも下回り、農業県の婚姻率が急激に低下しているのである。

　1985年全国婚姻率が6.1のとき、岩手県5.4、秋田県5.3、福島県6.2、新潟県は5.5と、農業県は5台となった。

　1960年以降、農業県とみられる県はおしなべて婚姻率が低下する[13]。農地が家産として運営される農家経営では土地所有者である舅姑世代の発言権が強く息子夫婦世代の発言が抑えられるうえに、出稼ぎに依存しなければやっていけない農家が、農村部の女性から嫌われ、農林業などの第一次産業男性従事者の未婚率が上昇したのである。

　また、農村男子が都会に出たとしても低学歴では正規職の獲得は困難で、この層の男性の結婚が困難だったことも未婚率の上昇を招いた[14]。

　さらに、1973年のオイルショック以降の低成長期には、正社員を減量する経営方針のもと高卒・専修学校卒男子は就職から締め出され、とりわけ高校中退者の大部分は無業者・失業者となり[15]、この層の男性が結婚して家族を形成することが困難となった。

〈女性未婚率上昇の要因〉

　1960～80年まで5％台だった35～39歳女性の未婚率は、1985（昭和60）年には6.6％に上昇した。その要因は、第一次産業男性の婚姻率低下＝未婚率上昇と、低成長期に正社員を減少させる経営方針であると考えられる。

　男性未婚率に連動して女性の未婚率は1.6％上昇して、合計出生率は2人を切る低下となってあらわれたのである。

図 8-1　年齢別未婚率の推移（男性）

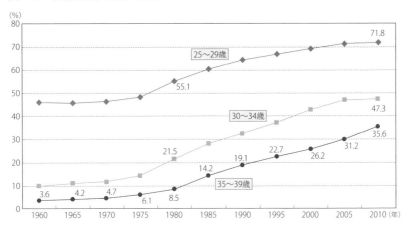

資料）総務省「国勢調査報告」（2010 年）
注）1960～70 年は沖縄県を含まない

図 8-2　年齢別未婚率の推移（女性）

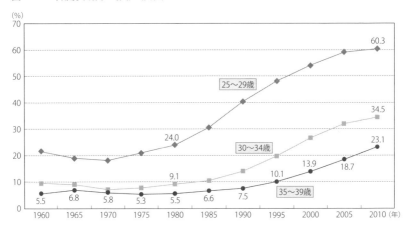

資料）総務省「国勢調査報告」（2010 年）
注）1960～70 年は沖縄県を含まない

図8-3 生涯未婚率の年次推移

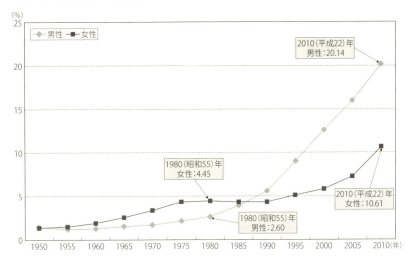

資料）国立社会保障・人口問題研究所「人口統計資料集 2014」
注）生涯未婚率は、45～49歳と50～54歳未婚率の平均値であり、50歳時の未婚率

第2節　1985年以降の合計出生率の低下とその要因

1．1985年以降の合計出生率の低下と女性未婚率の上昇

1 1985年以降の合計出生率の低下

　1985（昭和60）年までは1.7を超えていた全国合計出生率は、1987年には1.69と1.7を切り、1989（平成元）年には1.57となり、翌1990年には1.54になった。出生率はその後も下がり続けて1995年には1.5を切って1.42、2005年には1.26まで落ち込んだが、2012年は1.42となっている。
　そして、現在も1.5を超えることのない低い合計出生率が続いている。この傾向は全都道府県において共通している。
　丙午騒動で出生率が下がった1966（昭和41）年の1.58を下回って全国合計出生率が1.57となった1989（平成元）年、それが判明した翌1990年には、

少子化問題が鮮明となり、「1.57ショック」とジャーナリズムなどで喧伝された。

1975（昭和50）年以降、ドイツやイギリスのなど先進国も合計出生率はおしなべて2人を切っていたので、それまで問題視していなかった政府も、「少子化問題」を将来人口と労働力の減少問題として議論するようになった。

当初、合計出生率の低下は、女性の側の問題ととらえられた。女性が高学歴になり仕事ばかりで結婚も出産もしない、また女性がわがままになり、楽をしたくて子を出産養育しなくなったから出生率は下がったなどという議論がなされた。

これに対して、厚生労働省などから女性の側の仕事と出産養育の両立のため保育園の拡充などを内容とした「子育て支援のための総合計画（通称エンゼルプラン）」が計画され、2003（平成15）年には企業が男女に育児休暇を保障する少子化社会対策基本法も公布された。「育児をしない男性をパパと呼ばない」など、男性の育児休暇取得を奨励するキャンペーンが行われた。

また、子をもつ女性のワーク（仕事）と、ライフ（養育）のバランス（両立）についての議論がなされるようになった。

だが、現に子を持つ男女への支援をいくら提起しても、それだけでは合計出生率の低下を止める力とはならなかった。

② 女性未婚率の上昇

合計出生率の低下は、1985（昭和60）年までの合計出生率低下の原因として提起したように、何よりも女性の未婚率の上昇によっている。

女性の若年層が結婚をしなければ、合計出生率は上昇しないのである。だが、指摘したように、女性の若年層の婚姻率は低下する一方、未婚率は上昇する一方である。

166頁の「年齢別未婚者の推移（女性）」の折れ線グラフにみられるように、1980年9.1％だった30〜34歳の女性の未婚率は、2010（平成22）年には34.5％と3倍以上に上昇した。

1985（昭和60）年に6.6％だった35〜39歳女性の未婚率は、1990（平成2）年7.5％、1995年10.1％、2000年13.9％、2005年18.7％と上昇し、2010年

には23.1％と20％を超えるまでになった。女性生涯未婚率は、1980（昭和55）年4.45％から2010（平成22）年10.61％と6％以上も上昇した。

この女性の未婚率の上昇と合計出生率の低下とは、見事に逆相関関係にあり、合計出生率は1985年1.76だったが、1995年には1.42となり、2005年には1.26まで落ち込んだ。

③ 未婚女性増加の要因

問題は、何故、女性に未婚者がこれほどまでに増加しているのかである。

女性が、夫婦別姓などを求め自由な婚姻形態を望んだため未婚率が上昇したという議論は、関係がなくはないとしても、事実婚をしながら婚姻届を出さない男女の数はわずかであり、統計に影響するほどの数値ではないため、正しいものとはいえない。また、婚姻届を出さなくても子どもを産めばもちろん合計出生率に反映するので、事実婚をしたからといって合計出生率が減少するわけではない。

そして、婚姻をしても、総合職に就く女性は出産しない、あるいは高齢になるまで出産しないため子どもを持てないという議論は、現在のところ既婚女性の生涯出生児数があまり変化していないので、大きな原因とは考えられない。

結局、結婚をしない、あるいはできない若者男女が増加しているという以外に答えはないのである。

では、若者たちは結婚をしたがっていないのか。それともできないのか。

内閣府の『平成26年版 少子化社会対策白書』では、若い世代で未婚・晩婚が増えている理由を複数回答で尋ねており、理由の軽重を問わず複数回答をするアンケートであるため、男女全体で「独身の自由や気ままさを失いたくないから」という回答と「経済的に余裕がないから」がほぼ同数である[16]。

「自由や気ままさを失たくないから」と適齢期の若いときには言っても、結局は結婚をして家族をつくってきたのがこれまでの歴史である。

問題は、何故、現在は「それでも結婚をしていく」ことにならないのか、にある。

これまでの歴史と違い、現在に特徴的なのは、いつの時代でも述べられてきた「自由や気ままさを失いたくないから」ではなく、むしろ約半数が回答している「経済的に余裕がないから」にある。
　1980 (昭和55) 年以降現在までの急激な未婚率の上昇をもたらしたものは、1980年以降現在までの社会に特徴的になったことである。
　1980年以降現在までの社会の変化で、若者男女に直接影響を及ぼした特徴的なこととは何か。
　それは、若者男女の非正規雇用の増加であり、若者の賃金の低下である。
　1980年以降、大企業と政府が進める新自由主義経済のもとで、多様な働き方という名のもと人件費抑圧のために男女の非正規雇用化・低賃金化が推し進められ、パート、アルバイト、派遣社員、契約社員、嘱託等の非正規雇用が一般化した。
　1985年に16.4％だった非正規雇用労働者の割合は2010 (平成22) 年には34.4％まで上昇した[17]。とりわけ若年層で増加し、農林業を除く全産業で15〜24歳層で1985年の14.9％が2010年には46.5％にもなり、25〜34歳層でも9.8％から25.8％へと上昇している[18]。
　1985年から2010年の変化は、実人数でも非正規労働者は、15〜24歳層で89万人から252万人に、25〜34歳層で99万人から298万人に増大し、正規雇用は15〜24歳層で508万人が260万人に、25〜34歳層で907万人が856万人に減少している[19]。
　非正規職の賃金が低いことは、もはや常識となっているが、どれだけ低いかといえば、厚生労働省が調査を始めた2005 (平成17) 年以降の賃金構造基本統計調査（全国平均、月平均、単位は1000円）の第6表「雇用形態、性、年齢階級別賃金、対前年増減率及び雇用形態間賃金格差」の「男性」の数値では表8-1のようになっている。
　ここからわかることは、男性非正規職の場合は、25〜29歳のころは男性正規職との賃金格差はそう大きくないが、男性非正規職は年齢が上がっても賃金は上がらず、年齢とともに年俸が上昇する男性正規職と格差が開いていくことである。若年男性非正規雇用が増加を始めた1980年代後半ころから約20年たった2005年にはこの構造が明確にあらわれ、それが今日まで続いているのである。

表8-1 年齢階級別にみた男性における賃金前年増減率の雇用形態間格差
(月平均、単位:1000円)

	2005年		2010年		2014年	
	正規職	非正規職	正規職	非正規職	正規職	非正規職
25～29歳	243.0	201.9	240.8	198.3	243.2	195.1
30～34歳	291.1	224.0	283.0	217.4	282.4	214.8
35～39歳	346.7	238.4	326.9	231.5	323.9	224.0
40～44歳	398.7	240.3	377.2	232.4	363.7	226.5
45～49歳	424.1	238.0	417.2	235.7	411.1	231.3
50～54歳	429.5	232.8	427.2	244.4	435.8	234.1

　女性の場合も、正規・非正規の賃金格差の構造は男性と同様で、正規・非正規とも同じ雇用形態の男性より賃金は低い。2014年では、25～29歳は女性正規職で22万6300円、女性非正規職18万1200円、30～34歳は正規24万7100円、非正規18万8600円で、正規職はその後も若干上がっていくが、30万円を超えることはない。だが、女性非正規職は30歳台前半を最高に下がっていくのである。35～39歳の非正規は18万7100円、40～44歳は18万4600円である。結局、非正規職男性は、一生300万円に満たない年俸と社会保障のない状況で、結婚できないと結婚をあきらめることが多くなる。
　非正規職の女性は妊娠・出産が保障されず退職するか雇い止めをされる場合が多いので、非正規職男性は、正規職に就く女性と結婚する場合でもなければ子どもの出生養育は困難と感じられることになり、結婚をあきらめることになる。そして正規職に就くことができる女性は今や50％以下と少ない。同時期の年齢別の実質賃金をみると、正規職でも1985(昭和60)年を100とする指数で男子の25～29歳層の数値は114.98となり、30～34歳層は112.4で、17年間で12％から15％の上昇でしかない[20]。
　同時期の全年齢層の実質賃金上昇率は18.6％なので、結婚を考える時期の若年労働者の賃金上昇は、他の年齢層よりも低くなっていることがわかる。
　正規労働者でもこのように賃金が上昇しないなかで、25～29歳で正規職の80％、30～34歳で76％、35～39歳で69％の賃金しかない非正規職の労働者の率が高くなってきたのであり、2005(平成17)年から2014年の男

性非正規職の賃金をみると、月間名目賃金25～29歳20万1900円が19万5100円に、30～34歳で22万4000円が21万4800円、35～39歳で23万8400円が22万4000円に低下している。

　結婚年齢期の男性労働者は、正規職とともに非正規職の賃金も低下を続けているのである。ただでさえ低い賃金が減っていくうえに非正規雇用には雇い止めの恐怖が常時つきまとっている。非正規雇用労働者には、結婚して家族をつくるという将来設計を組み立てることは困難である。

　若年男性の非正規職増加の進行は、若年男性の経済的不安となって将来設計が立てられず、結婚して将来生活設計し計画的出生養育をするという1960（昭和35）年以降の日本の社会通念になった家族形成を実現するための基盤を失わせたのである。

　1992（平成4）年から調査され始めた学校卒業後の「初職雇用形態別割合」の「男性」をみると、パート、アルバイト、派遣社員、契約社員、嘱託などの非正規雇用に就く者の割合は、1992～97年は8.1％だったが、「就職氷河期」などといわれた1997～2002年には17.4％と倍増し、2002～07年には27.2％[21]になっている。

　今や、高校や大学を卒業した男子でさえも、3人に1人弱が、非正規雇用に就くことになった。学校中退者はなおさら不安定雇用にしか就けない。男性若年層の失業率は高く、ニートといわれる若年無業男女も約62万人もいる[22]といわれている。

　一般に正規職に比べて非正規職の賃金は安く、賃金上昇はなく、解雇の不安がある。そのなかで、2010年調査では男性の場合、「1年以内に結婚する予定のある未婚者の割合」を、就業状況別にみると、正規雇用で高く、非正規雇用では低い[23]。男性の場合、非正規雇用で結婚が困難なため未婚者が多いのである。ただ、女性の場合は、正規雇用と非正規雇用の間にこうした現象はみられない。結婚の相手が正規雇用であれば、将来設計が可能であるからであろう。

2. 少子化問題は労働問題である

① 2010年　厚生労働省調査

　若年男性の非正規雇用化が進行するなかで、男性35～39歳の未婚率は、1985（昭和60）年の14.2％が、1990（平成2）年には19.1％、1995年22.7％強、2005年31.2％、2010年35.6％[24]と、一直線に急上昇している。
　女性35～39歳の未婚率は、1960（昭和35）年ころからあまり変わらず低く、1980年5.5％程度だったものが、男性の未婚化の上昇にともなって、1985年に6.6％になり、以後上昇して1990（平成2）年7.5％、1995年には10.1％、2000年には13.9％、2005年18.7％、そして2010年には23.1％[25]と今や20％台を超えた。
　つまり、結婚・生殖適齢期の若年男性の3分の1近くが不安定雇用下または無職の場にあり、将来の生活設計ができなくて結婚できない男性が増えていくのに連動して、当然のこととして女性の未婚率も上昇し、1人の女性が産む子ども数、合計出生率は低下しているのである。
　厚生労働省は2010年7月に低出生率を労働問題として調査を行い[26]、その結果、2010年には30歳台男性の非正規労働者の75.6％が未婚で、正規労働者の30.7％と比べ2.5倍もの差のあること[27]を明らかにした。
　厚生労働省も1985年から顕著になる低い出生率の原因は、男性の非正規雇用増大だとみて、それまで出産する女性の問題とされてきた「少子化問題」を男性の労働問題だと転換させたわけである。
　この調査では、女性の30歳台の未婚率は正規職の方が高い[28]ことも示されている。非正規職化が進行するなかで、獲得した正規職を守ろうとする女性の、困難な激務であっても私生活よりも職務を優先せざるを得ない状況が、また女性の未婚化を進めているのである。
　1990年代以降の1.5を切るような低い合計出生率の主たる要因は、若年男子の非正規職化が進むにしたがって若年男女に経済的困難と将来への不安がひろがり、30歳台、40歳台の生殖年齢にある男性が結婚せずに未婚率が急上昇し、それに連動して女性の未婚率も上昇して、産まない女性が増えてい

ることである。同時に30歳台の正規職女性に未婚が多いことも低い合計出生率の低下の一因となっている。

2 男女未婚率の高さは個人の意思でなく社会問題である

では、男女の未婚は結婚をしたくないという個人の信念に基づくものであるかと問えば、決してそうではない。

2010(平成22)年の国立社会保障・人口問題研究所の調査において「いずれ結婚したい」と考えている未婚の男性は96.3％、女性は89.4％[29]である。

35歳未満の未婚女性で一生結婚しないという固い意思を持っている者は2010年調査でも4.9％程度[30]と1960年代とあまり変化せず、90％近い女性は結婚することを望んでいる。しかし、166頁のグラフにみられるように実際には2010年の35〜39歳の女性の未婚率は23.1％と高い。未婚を余儀なくされて、産まない女性が多いということなのである。

結婚内の出産が圧倒的多数の日本にあっては、男性の非正規雇用化と男性労働者の低賃金化とが、結婚する経済的基盤を失わせ、若年男女を結婚して子どもを出生養育したくてもできない状況に追い込み、低い合計出生率の原因となっているのである。

1960年以降の日本においては、自律的に消費と経営の主体となる家族を形成し、自立した家族が養育・教育に責任を持って子をつくることが社会通念として「当たり前」となった。

現代の庶民は、家族を守り子どもを産み育てる家庭をつくるのに責任を持つ自立した存在である。

結婚をすることに責任をともなうことは当然の前提とされており、また責任を持って子どもを産み育てようとする以上、子を養育し教育することが困難である時は、出生養育をともなう結婚そのものを抑制するのである。

若年男女の非正規雇用化は、1980年代半ば以降、新自由主義経済のもとで、雇用形態の多様化という名のもとになされた経営者側の人件費抑制策であり、それを後押しする政府の政策であった。その政策は、現在もさらに拡大強化されようとしている。

家族を形成し子どもをつくることを選択できない要因は、政府自体の政策

の結果であり、その政策によって、1960年代後半には確立された国民を安定的に再生産していた社会システムを破壊した結果である。

圧倒的多数の若者男女が雇用労働に入っていく現代では、「少子化問題」は労働問題である。安定した雇用を確立する社会をつくることなしには、少子化問題は解決されることはないだろう。

おわりに

1960（昭和35）年ころから1970年代半ばまでは、計画的出生養育を獲得した労働者家族や農民家族が多数を占める社会の安定期だった。労働者家族には性別役割分担があり、それに対しさまざまな批判があることは重々承知しているが、批判はありながらも夫の給与と妻の補助的収入で、2～3人程度の次世代の子どもを育て教育していくことが可能な社会であった。

この安定した社会が破壊されてきたのである。

1990年代以降、全国合計出生率が1.5人を切っていく主な要因は、若者男女の圧倒的多数が雇用労働に入っていくのに若年男女労働者の非正規職化・低賃金化が進み、不安定雇用のもとで生活の将来設計ができず、出生養育や教育についても計画できず、出生をともなう結婚が抑制されて、男女の未婚率が上昇していることである。

これが、新自由主義経済のもとの若年労働者男女の非正規雇用化により、つくりだされた現実なのである。

（1）厚生労働省大臣官房統計情報部編『平成26年　我が国の人口動態』一般財団法人厚生労働統計協会、2014年、46～47頁「人口動態総覧、年次別」の合計特殊出生率。以後同書の合計特殊出生率を採用する。
（2）前掲厚生労働省大臣官房統計情報部編『平成26年　我が国の人口動態』46～47頁「人口動態総覧、年次別」の合計特殊出生率。
（3）木本喜美子「現代日本の女性」（後藤道夫編『日本の時代史28　岐路に立つ日本』

吉川弘文館、2004年）176頁、グラフ「企業規模別世帯主収入の家計充足率の推移」。
（4）国立社会保障・人口問題研究所編・発行『第14回出生動向基本調査――わが国夫婦の結婚過程と出生力』2012年、20頁。なお、2010年には、1.96となる。
（5）同前、266頁。
（6）同前、266頁。
（7）落合恵美子『新版　21世紀家族へ』有斐閣選書、1997年、101頁。
（8）日本統計協会編・発行『日本長期統計総覧第1巻』1987年発行版、92頁の「配偶関係（4区分）」による。
（9）湯沢雍彦・宮本みち子『データーで読む家族問題』NHK出版、2008年、97頁。国立社会保障・人口問題研究所が行う「わが国独身層の結婚観と家族観」における「未婚女性の希望する理想の生活」のうち「非就業型」の数値、1987年4.0％、97年4.0％、2005年5.0％から判断した。
（10）前掲厚生労働省大臣官房統計情報部編『平成26年　我が国の人口動態』47頁「人口動態総覧、年次別」の婚姻率（人口1000人）による。
（11）同前、46頁「人口動態総覧、年次別」の婚姻件数による。
（12）厚生労働省大臣官房統計報告部編『平成24年　人口動態統計　上巻』一般財団法人厚生統計協会、2014年、456〜457頁。
（13）同前、456〜457頁。
（14）湯沢雍彦『昭和後期の家族問題』ミネルヴァ書房、2012年、214〜215頁。
（15）西本勝美「企業社会の成立と教育の競争構造」（渡辺治編『高度成長と企業社会』吉川弘文館　2004年）183頁。
（16）内閣府『平成26年度版　少子化社会対策白書』17頁。
（17）厚生労働省『平成25年度版　労働経済白書』183頁の「正規雇用の横ばいと非正規雇用労働者比率の上昇」。
（18）同前、183頁。
（19）同前、183頁。
（20）日本統計協会編・発行『日本長期統計総覧第4巻』2008年発行版の198頁の「学歴、年齢階層、男女別、現金給与額」から作成。
（21）独立行政法人国立女性教育会館編『男女共同参画統計データブック　2012』ぎょうせい、2012年、42頁。
（22）湯沢雍彦『データで読む平成期の家族問題』朝日選書、2014年。
（23）国立社会保障・人口問題研究所編・発行『第14回出生動向基本調査――わが国独身層の結婚観と家族観』2010年、10頁。
（24）総務省「国勢調査報告」2010年版。
（25）同前。

（26） 2012 年 8 月 30 日にメディアに報告された。『毎日新聞』2012 年 8 月 31 日朝刊、28 面の記事。調査は 2010 年 7 月、20 歳以上 65 歳未満の人を対象に実施され、7973 人の回答による。
（27） 同前、28 面。
（28） 同前、28 面。
（29） 前掲国立社会保障・人口問題研究所編・発行『第 14 回出生動向基本調査――わが国独身層の結婚観と家族観』9 頁。ただ、一生結婚しないという未婚者はわずかだが男女とも増加している。
（30） 同前、252 頁、理想非婚就業者 166 人を調査総人数 3406 で割った数値。

終章

まとめ

　近代日本社会の人口の圧倒的多数を占めていた農民家族や労働者家族の出生養育の歴史とは、農民家族や労働者家族が自立し家族となり夫婦の意思により子の出生養育を決めていけるようになっていく歴史であった。

　夫婦が、子どもを養育していくことを考えて幾人出生するかを計画し、子どもをつくることは、昔から当たり前にあったと思うかもしれない。だが、それは日本においては、1960年代以降に初めて国民の共通意識になったにすぎないのである。

　近世後半期、農民家族の共同体への依存度が強かった地域においては、村の意思が農民家族の出生養育を規制し、依存度の弱かった都市近郊農村地域や都市部においては、子どもの将来を考えることなく各家の生活の必要に応じて出生し、成り行きで養育することが一般的であった。

　明治維新によって始まった社会経済システムの大変革によって、近世の社会経済システムと一体であった村落共同体の規制が崩壊すると、共同体に依存して生活することができなくなった農民家族が共同体規制に替わる自らの将来生活設計を立てることができないまま、計画によらない多産におちいり、多子家族が増えることになったのである。

　近代社会では、与えられた条件のもとで家族がすべてを決めなければならない。家族はそれぞれ家族ごとに「裸」で資本主義経済社会に対応しなければならなくなったのである。

　資本主義経済社会に対応するためには、各家族は自立的自律的に生活設計し、働き、収入を得て家計を維持し、子どもを産み養う家族にならなければならない。

自らの生活を自律する家族とならなければならないのである。

この自律する精神が、いまだ農民家族の意識とならない時代に、計画によらない多産が生じたのである。

近代の農村部の歴史は、近世的共同体規制の崩壊のなかで、無計画な多産におちいった東北地域を典型とする各地の農民家族が、自立性を獲得しようとしながらも、戦後に至るまで計画的出生を実現できなかった歴史でもある。東北地域における計画的出生は戦後の農地解放を待たねばならなかったのである。

一方近世後半期の都市では、奉公人ら労働者の多くは、住み込みで単身の生活を送り、自らの家族生活を自立的に形成することができず、子を残すことなく単身で亡くなっていった。

近代の都市部の歴史は、労働者層の人々が家族生活を営めるよう自律的に努力して家族形成を獲得していった歴史であった。同時に都市部に対する人口供給地域にすぎなかった都市近郊の小作農民家族が、自立した経営体として子を産み育て教育する家族を確立していった歴史でもある。

戦後、農民家族や労働者家族は、各地域に与えられた条件の違いにより、時期的な差異はあるものの、それぞれの家族の意思で自立した生活意識と態度を獲得し、各家族の判断により出生する子ども数や子の教育内容を決めるようになっていった。

日本近代の歴史とは、農民家族や労働者家族が自立的存在となっていった歴史だったのである。

自立的存在となった農民家族と労働者家族は、何を基準として出生養育する子どもの人数を決めたのか。

それは各家族が、子どもが社会で一人前になれるまで育てることが可能な人数を基本としたのである。各家族が、社会のなかで生きていけるだけの教育を与えられる子の人数を基本とし、2人程度を理想的な子どもの数としたのである。

その結果、家族が出生養育する子ども数すなわち合計特殊出生率は、都市部においても農村部においても1960年代〜70年代半ばまで、ほぼ希望数の2人程度に落ち着いた。

この時期には、労働者家族の生活は2人程度の次世代の出生養育と教育を

行い、家計的にも充足し、社会的にも安定していた。

　だが、全国合計出生率は1975（昭和50）年以降2人を切るようになり、2005（平成17）年には1.26にまで下がり、2015年の現在も1.5を超えることのない数値が続いている。

　婚姻外で出産することの少ない日本においては、子どもの出生のほとんどは婚姻によるものであり、各家族の子どもの数は女性の最終学歴などでは大きな差はみられず、ほぼ2人程度の子を産んでいる。

　合計出生率の低下の原因は女性の未婚率が上昇したことにある。

　女性の未婚率の上昇は、若年男女の非正規雇用化が進行し、とりわけ男性非正規雇用の増加が経済的不安定を招き、結婚する割合が減少したことによっている。

　男女ともに未婚率が上昇した原因は、本人たちが未婚をめざしたからではなく、1980年代半ば以降は、経営者側の人件費抑制のための非正規雇用化と低賃金化である。政府も政策としてこの方針を後押しし続けている。

　家族を形成し子どもをつくることを選択できない要因が、個人的意思ではなく社会に存在しているのである。

　圧倒的多数の若者が雇用労働に入っていく現代、若年男女労働者の多くが、不安定な非正規雇用職にしか就けず、将来の生活設計が立てられない社会では、結婚そのものが困難である。

　ことに男性が非正規職の場合は結婚をあきらめ、それにともない未婚率も高くなり[1]、合計出生率が低下しているのである。

　夫婦が計画的に子どもをつくり、社会的支援を得ながらも自己の責任で養育・教育し一人前にしていくという家族像が日本社会の共通意識として確立したのは1960年代である。今や何の計画性もなく結婚する、あるいは結婚せず子どもを産むということは多くの男女にとって現実的ではないし、計画性もなく子どもを産めば、悲惨なことにならざるをえないのが現在の日本社会である。

　将来設計を持って子どもをつくり育てるという近代社会がつくりあげてきたシステムの基礎は、労働者が将来設計をすることができる社会である。

　今このシステムの基礎が壊れつつある。

　合計出生率が2人程度に回復したとされるフランス[2]に見聞されるよう

に、夫婦単位の家族が子育てに責任を負うのでなく、家族に依存せず、国や社会がすべての子どもの養育・教育に責任を持つというあり方もあるのだろうが、現在の日本でそれが社会の共通認識となるのは、すぐには無理があるように思われる。まして若年労働者の非正規化を推し進める人たちが、フランスのような社会を望んでいるとは思われない。

　本書が明らかにしたように、近代という時代を経て、夫婦が将来の生活を見据えて計画的に子どもをつくり、養育・教育することは日本社会の共通意識となった。

　その日本で合計出生率を上げたいと思うなら、若者たちが将来設計をして家族を形成し、安心して子を産み育てられるような社会をつくることしかないのである。

　本書が、この事実を明らかにする一助となることができれば幸いである。

（1）国立社会保障・人口問題研究所編・発行『第14回出生動向基本調査——わが国独身層の結婚観と家族観』2012年、250頁。
（2）「合計特殊出生率の年次推移——諸外国との比較」（厚生労働省大臣官房統計情報部編『我が国の人口動態——平成24年までの動向』一般財団法人厚生労働統計協会、2014年）14頁。

あとがき

　本書刊行に至る経緯を簡単に述べ、お世話になった大勢の方にお礼を申し上げたい。

　本書の契機となったのは、2004年9月にエジンバラ大学で行われた「日本女性史会議」での「近代日本の生殖原理と家族──産児数を決めてきたものは何か」という報告である。
　村落規制が生殖をコントロールしていた近世期から、明治維新を経て資本主義経済の展開にともなって自立的自律的都市家族が形成されてくる過程を素描した報告に、顧問出席されていた明治維新史研究者でシェフィールド大学教授のゴードン・ダニエルズ先生が興味を示された。
　報告の後、先生からいくつかの助言をいただき、英訳の労もとっていただいて2005年にGLOBAL ORIENTAL社から刊行された JAPANESE WOMEN 1868-1945 に論文として掲載できた。ダニエルズ先生の助言はもちろん英語であり、それを翻訳して私に伝え、私の応答を英訳して先生に伝えてくださったのは、ダニエルズ先生とともに同書を編集した冨田裕子さんである。このお2人と、イギリスに同行してくださった英文学者で翻訳家の山本博子先生にまずお礼を申し上げたい。
　この論文の日本語版に、静岡大学人文学部教授・松田純先生も興味を示され、代表を務める「平成15-17年度科学研究費補助金（基盤研究(B)(2)研究）」の成果報告書『生命ケアの比較文化論的研究とその成果に基づく情報の集積と発信』(2006年刊) に採用し、インターネットにも掲載してくださった。学部時代の同級生でもある松田純先生にお礼申し上げたい。
　エジンバラで行った報告では「家族」としつつも、家族についての具体像は示せなかった。悩んでいた私に、総合女性史研究会の大会で報告するよう勧めてくださったのは、それまでの私の論文を読んでくださっていた会の事

務局長・桜井由機さんである。

　2006年3月、まだ冬枯れの山のなかにある中央大学のキャンパスで行われた大会において、1910年以降の都市部に形成されてくる新中間層家族・労働者家族を、生活設計する夫婦と未婚の子を生存の単位とする自立的経営体とした「近代日本の家族と生殖――1910年〜1950年」を報告した後、「石崎の言いたいことの全体像がみえてきた」と桜井さんに褒められたことは忘れられない。このお褒めの言葉に励まされ、翌2007年に報告をまとめた論文を『総合女性史研究』第24号に掲載することができた。近世女性史研究者でもある桜井由機さんにお礼を申し上げたい。

　1980年代半ば以降、先輩たちの努力により大学で女性史講座が開講されるようになり、2000年ころから私も大学の女性史講座を非常勤で受け持つようになっていた。

　その講義用に古代史から現代史までの家族の通史『歴史のなかの家族と結婚』（森話社）という本をつくるので先述の「近代日本の家族と生殖」をもとに近代の分野を書きなさいと、同書を監修される古代・中世の女性史・ジェンダー史家で埼玉学園大学教授・服藤早苗先生に言われ、「都市家族の形成と結婚観の変化」という題で書き、同書は5人の共著で2011年4月に刊行された。

　それを学部時代の恩師、古代史家で静岡大学名誉教授・原秀三郎先生にお送りするとすぐに読んでくださり、達筆の長文のお手紙で、今まで書いた論文をまとめ、新稿を入れて3年間で単著を出すよう強く勧められた。

　1文字の読解にも「閃き」を必要とする古代史、その「閃き」のない私は学生時代は劣等生だったが、そのとき先生に初めて褒められ、構成について指導をしてくださるという。当初、構成案を先生に送るとすぐに感想を書いて返事をくださった。そのときから4年の月日がたってしまったが、本書刊行の発端は恩師の長文のお手紙である。この本は一番に原秀三郎先生にお届けしたい。

　構成案をつくる際には、非常勤をしていた専修大学文学部で近代史を研究されている新井勝紘教授と大谷正教授のお2人にも案をみていただいた。新井先生はご自身の定年までに出版するように励ましてくださった。その直後

に夫の入院があり私自身も体調を崩して、先生のご配慮にはお応えできなかったが、お2人にもお礼申し上げたい。

へたっていた私を助け起こしてくださったのは、服藤早苗先生である。

服藤先生は『歴史のなかの家族と結婚』の監修者として私の叙述を高く評価してくださっていた。それもあってか、私の既発表の論文を集めた目次案までつくり、出版社への道を開いてくださった。結果としてその目次案とは全く異なる構成になったが、服藤先生の援助がなければ本書はできなかっただろう。2015年5月、埼玉学園大学名誉教授になられた服藤早苗先生に心よりお礼を申し上げたい。

再び立ち上がれた私は、歴史人口学の立命館大学名誉教授・高木正朗先生編の『18・19世紀の人口変動と地域・村・家族』という本を知り、電話ではあるが高木先生と親しくお話できる機会を得た。高木先生は私が送ったエジンバラでの報告書を読んでくださり、石崎の近世期の生殖村落規制説も仮説のひとつとして成り立つとして、同様の説「幼年人口比率維持説」を提起しておられる神戸商科大学教授・松浦昭先生を紹介してくださった。お2人とはメールで質疑応答して、第1章を書くことができた。序章も人口変動から書き始めており、経済史分野の人口論の影響を受けている。私の質問に丁寧に答えてくださったお2人にも感謝したい。

ひとつひとつ生み出した論文が次のご縁を生み、本書を刊行することができた。みなさまに感謝している。

高校の非常勤講師を掛け持ちしながら、私は1980年代前半に息子を2人出産した。元来あまり丈夫でない身体で悪阻に苦しめられ混み合う電車で流産しそうになり、電車に乗れなくなって意気地なく辞めた学校もある。産休に入る2週間前には早産しそうになって授業を休んで生徒に迷惑をかけながら、やっとの思いで出産にこぎつけた。

明治や大正の時代は、男子を7人も産んでその子たちがみな元気でいるのにさらに8人めを産み、自分は疲労困憊して死んでしまう女性たちが存在する。何故なのだろうかと考えた。子の多くが死亡するから多産したという多産多死論が当時の一般的な理解だった。だが、多産多死という何の実証もない説明に私は納得できなかった。この問題は、女性史として解明すべきテー

マだと私には思われた。

　この謎を解くため女性が生涯に産む子どもの平均人数、すなわち合計特殊出生率の変動をみたいと思ったが、厚生省が発表している合計特殊出生率は国勢調査が行われた1925（大正14）年と1930（昭和5）年の調査しか記録されていなかった。厚生省に問い合わせたが、明治・大正期の原票はもはやないので、これらの年以外の数値は出せないということだった。

　そこで、私は1899年から始まった人口動態調査による府県別の普通出生率から、府県別の合計特殊出生率を推計してみることにし、総務省統計局の図書室に行き重い『帝国統計年鑑』をコピーし、各府県別・年代順に普通出生率を書き上げていった。もう十数年前のことである。

　これをエクセルで処理する方法があることを知り、最初エクセルに普通出生率を打ち込んでくれたのは、当時杉並区の女性史研究会のメンバーだった金澤七友実さんと吉松幸子さんであった。途中で明治大学の後期博士課程に在籍していた小山亮氏がかわり、巻末資料190〜193頁に掲載した「府県別合計出生率（1899〜1965年）」の表が作成できた。私の要望は一瞬にして具体的な形となり、私には神業のように思えたが、それは小山亮氏の精密な技術だった。この表を作成することによって、合計出生率を3つの型に分けることにも確信が持てた。エクセルでお世話になったお3人にもお礼を申し上げたい。

　私は高校教師をめざしたが正規職に就くことはかなわず、高校では非常勤で「明治維新から始まる日本近現代史」の授業を担当し、明治維新以後の政治・経済史を長く教えてきた。

　そんな在野の私がまがりなりにも研究を続け、本書を刊行できたのは身近にあった研究会に参加できたおかげである。

　永原和子さんを代表として1980年に創立された総合女性研究会（2013年より総合女性史学会）や、それと密接する研究者が集う近現代女性史研究会や近世女性史研究会に参加し、また非常勤で行っていた高校に近いお茶の水女子大の女性文化研究会などの報告会にも参加させていただいた。

　1985年からは『平塚らいてう著作集』の編集者で同じ町に住む米田佐代子さん主催の「平塚らいてうを読む会」にも授乳の合間をぬって参加し、

1992年に論文「生殖の自由と産児調節運動——平塚らいてうと山本宣治」を発表することができ、大学の女性史講座を担当する途が開けた。

これらの研究会のメンバーである（敬称略）、お茶の水女子大学の舘かおる、近現代女性史研究会の池川玲子、石月静恵、伊藤めぐみ、宇野勝子、江刺昭子、大門泰子、折井美耶子、小和田美智子、海保洋子、金子幸子、国武雅子、坂井博美、佐藤和賀子、関口すみ子、中嶌邦、中嶋みさき、永原和子、永原紀子、西澤直子、友野清文、早川紀代、平井和子、古河史江、山村淑子、横沢清子、米田佐代子の諸氏、近世女性史研究会の宇佐美ミサ子、片倉比佐子、柴桂子、菅野則子、曽根ひろみ、長島淳子、長野ひろ子、横山百合子ら諸氏にお礼を申し上げたい。

また、拙稿を読み、ご自身の論文に取り上げてくださった女性史・ジェンダー史研究者の荻野美穂、沢山美果子、藤目ゆきの諸氏にもお礼申し上げたい。

多くの方々に助けられ、問題に取り組んで十数年、自分なりの解を見出せたように思う。

私は高校で教える傍ら1980年半ばからPTA活動も行ったため今も近所に同世代の母親やその子どもたちの知り合いが多い。その子らが大学を卒業して社会人になる1990年代以降は新自由主義経済が非正規職の若者を増やしていく時期だった。

小学校のころから知っている息子の同級生たちが派遣労働者になり、非正規職にしか就けず、また正規職で入った会社の強い成果主義に反発し、会社を辞めて新しい資格を取得したがそれを生かせず職を転々としている様子もみてきた。

同時期に私は大学で女性史そしてジェンダー史を講義するようになり、学生は男女ともに就職に苦労をするのをみて、それが第8章の執筆につながった。

最初のころの学生たちは卒業して10数年、30歳半ばになった彼女たち、彼たちはどうしているだろうか。

30歳半ばになった息子の男子同窓生は6割くらいが結婚し、そのうち5割くらいが子育て中だが、その全員が正規職に就いている。あとの人たち、

派遣労働者になった彼たち、家に居るという彼たちはどうしているのかと思う。東京の片隅の小学校区で起こっているリアルは、日本全体に通じている。

　日本の庶民は、家族の生活を確保できるようになって結婚し、子どもを養育できる見通しができて子どもを産むという計画的な生活を当然のこととする自立心を獲得してきた。

　そうやって生きようと思っても、結婚できないような社会に変えられ、子どもの数は減るばかりという社会になろうとしている。

　本書が、若者が近現代の歴史を見返して、今、自分たちがどういう社会に生きているのかを考える一助になってくれることを願う。

　最後になったが、明石書店の編集長・神野斉氏にもお礼を申し上げたい。章の構成などに多くのご助言をいただき、よりわかりやすいものとすることができた。

　そして、非正規職にしか就けなかった私を物心共に支えてくれた夫・石崎和彦にも感謝したい。夫とたくさんの問題を語り合うなかで、私も議論を深める気づきを得た。

　次世代を担う若者男女には、双方とも経済的にも生活のうえでも自立が保障され、子を産み育てたいと思う者が、安心して子を産み育てられる社会をつくっていきたいと思う。

　　　2015年6月

　　　　　　　　　　　　　　　　　　　　　　　　　石崎昇子

巻末資料

本表は、厚生省人口問題研究所監修・厚生省人口問題研究会編集『人口の動向——人口統計資料集　1988』厚生統計協会、1989年の144頁、表13「都道府県別、合計特殊出生率：1925〜1987」をもとに作成した。表13の各府県別合計出生率の調査結果は、1925年5.10、1930年4.71しかないので、この年を基準に各年の数値を推計（序章注24参照）したものである。戦後の全国合計出生率は1950年3.65、1955年2.36、1960年2.01、1965年2.15とされているので、これを本表に採用した。網掛けしている年は、『人口の動向——人口統計資料集　1988』に掲載されてい

府県別合計出生率（1899〜1965年）

	全国	東京都	大阪府	京都府	千葉県	岐阜県	滋賀県	愛知県
1899	4.66	3.51	3.75	4.08	5.21	5.09	5.02	4.90
1900	4.72	3.60	3.75	4.18	4.92	5.05	4.99	4.86
1901	4.94	3.85	4.00	4.31	5.10	5.57	5.17	5.16
1902	4.90	3.70	3.79	4.23	4.98	5.51	5.19	5.04
1903	4.77	2.99	4.21	4.18	4.65	5.16	4.76	4.79
1904	4.55	3.28	3.49	3.89	4.65	5.00	4.79	4.73
1905	4.55	3.39	3.33	3.78	4.95	4.80	4.52	4.67
1906	4.31	2.85	3.45	3.85	4.02	4.62	4.49	4.50
1907	4.96	3.73	3.86	4.42	5.01	5.11	4.89	5.03
1908	5.06	3.52	3.81	4.46	5.15	5.48	5.37	5.03
1909	5.09	3.52	3.66	4.38	5.18	5.60	5.31	5.20
1910	5.07	3.57	3.62	4.52	5.01	5.69	5.51	5.20
1911	5.12	3.57	4.22	4.52	5.04	5.69	5.42	5.18
1912	5.01	3.89	3.58	4.29	4.96	5.51	5.39	5.03
1913	5.00	3.96	3.43	4.11	5.18	5.51	5.25	5.24
1914	5.07	4.13	4.08	4.05	5.30	5.59	5.42	5.10
1915	4.97	4.24	3.34	4.56	5.18	5.53	5.25	4.93
1916	4.91	4.13	3.54	3.81	5.01	5.51	5.13	4.79
1917	4.88	3.13	2.84	2.86	5.04	5.22	5.19	4.50
1918	4.77	3.60	3.17	3.53	4.95	5.26	4.66	4.70
1919	4.71	3.85	3.22	3.62	5.21	5.12	4.79	5.26
1920	5.28	3.76	3.75	4.30	5.60	6.23	5.43	4.89
1921	5.12	4.00	3.66	4.10	5.66	5.79	5.20	5.01
1922	5.00	3.87	3.64	4.10	5.26	5.63	5.11	4.97
1923	5.13	3.67	3.70	4.07	5.92	5.93	5.23	5.20
1924	4.94	3.91	3.52	3.97	5.32	5.68	5.14	5.03

る年である。本表は、以下各章において参照し、採用する。

戦後の全国合計出生率はその後微調整され、最新の統計を掲載した厚生労働省大臣官房統計情報部編『平成26年　我が国の人口動態』一般財団法人厚生労働省統計協会、2014年においては、全国合計出生率は、1950年3.65、1955年2.37、1960年2.00、1965年2.14となっている。本書においては、1960年以降の全国合計出生率に言及する際は、最新版の『平成26年　我が国の人口動態』の数値を採用した。

兵庫県	岡山県	青森県	岩手県	宮城県	福島県	秋田県	山形県
4.43	4.18	5.62	5.09	5.47	5.11	5.13	5.27
4.40	4.20	5.47	4.94	4.98	4.90	4.96	5.24
4.66	4.58	5.82	5.47	5.32	5.33	5.40	5.86
4.48	4.56	5.80	5.34	5.43	5.14	5.44	5.62
4.29	4.12	5.54	4.90	4.84	4.69	5.11	5.43
4.17	4.01	5.40	4.59	4.58	4.61	4.76	5.03
4.09	3.92	5.44	4.90	4.72	4.84	4.82	5.07
4.16	3.87	5.23	4.32	4.35	4.23	4.48	4.75
4.64	4.24	5.92	5.06	4.90	5.04	5.19	5.49
4.81	4.55	5.76	5.42	5.67	5.28	5.27	5.55
4.70	4.59	6.06	5.62	5.92	5.39	5.34	5.79
4.24	4.52	5.95	5.49	6.01	5.25	5.22	5.55
4.55	4.39	6.19	5.64	5.70	5.42	5.40	5.83
4.51	4.41	5.82	5.31	5.67	5.13	5.25	5.45
4.45	4.28	6.13	5.28	5.72	5.16	5.02	5.48
4.49	4.28	5.53	5.05	5.56	5.34	4.95	5.52
4.33	4.12	6.06	5.39	5.84	5.36	5.47	5.54
4.24	4.02	5.92	5.45	5.75	5.31	5.51	5.39
4.13	4.02	6.08	5.42	5.80	5.28	5.22	5.22
4.21	3.98	5.75	5.53	5.86	5.22	5.38	5.51
4.05	3.86	5.40	5.31	5.72	5.22	5.13	5.33
4.58	4.77	7.06	6.55	6.63	6.06	6.09	6.59
4.52	4.56	6.62	6.11	6.37	5.48	6.19	6.12
4.30	4.36	6.32	5.98	6.06	5.57	5.90	5.85
4.39	4.59	6.67	6.24	6.64	5.81	6.19	6.22
4.14	4.30	6.44	5.98	6.37	5.33	6.14	6.10

府県別合計出生率（1899～1965年）　つづき

	全国	東京都	大阪府	京都府	千葉県	岐阜県	滋賀県	愛知県
1925	5.10	4.09	3.53	4.08	5.52	5.75	5.06	4.99
1926	5.04	3.75	3.62	4.07	5.55	5.79	5.09	5.01
1927	4.87	3.82	3.36	3.77	5.27	5.57	4.94	4.76
1928	4.97	3.86	3.53	3.97	5.41	5.59	5.14	4.50
1929	4.77	3.62	3.26	3.81	5.10	5.43	4.79	4.73
1930	4.71	3.51	3.21	3.59	5.05	5.47	4.76	4.60
1931	4.68	3.57	3.17	3.65	5.32	5.19	4.68	4.53
1932	4.80	3.52	3.39	3.81	5.10	5.54	4.83	4.74
1933	4.59	3.48	3.12	4.35	5.01	5.20	4.49	4.50
1934	4.36	3.17	2.97	3.34	4.79	5.11	4.40	4.42
1935	4.61	3.48	3.02	3.54	5.07	5.20	4.63	4.45
1936	4.81	3.15	2.86	3.38	4.86	5.00	4.43	4.26
1937	4.50	3.21	2.85	3.35	4.96	5.22	4.55	4.33
1938	3.96	2.85	2.47	3.61	4.18	4.46	3.75	3.75
1939	3.88	2.94	2.52	2.69	4.18	4.37	3.47	3.78
1940	4.14	3.31	2.94	3.27	4.49	4.91	4.21	4.19
1941	4.63	3.71	3.43	3.53	4.79	4.77	4.17	4.33
1942	4.50	3.57	3.08	3.55	4.72	4.76	4.34	4.30
1943								
1944								
1945								
1946								
1947	5.03	4.06	3.99	4.24	5.46	5.33	4.69	4.79
1948	4.87	3.76	3.86	4.12	4.81	5.36	4.83	4.86
1949	4.78	3.81	3.76	3.88	4.75	4.91	4.43	4.57
1950	3.65	2.73	2.87	2.80	3.59	3.55	3.29	3.27
1955	2.36	1.71	1.77	1.72	2.56	2.26	2.24	2.00
1960	2.01	1.70	1.78	1.69	2.12	2.03	2.01	1.88
1965	2.15	2.00	2.20	2.02	2.31	2.22	2.19	2.23

兵庫県	岡山県	青森県	岩手県	宮城県	福島県	秋田県	山形県
4.32	4.50	6.48	6.01	6.23	5.71	6.12	5.91
4.54	4.69	6.31	6.17	6.29	5.89	6.08	6.10
4.13	4.30	6.41	6.01	6.12	5.65	6.22	5.82
4.33	4.53	6.61	6.04	6.07	5.66	6.16	5.85
4.07	4.44	6.08	5.90	6.00	5.52	5.71	5.54
3.94	4.23	6.32	5.90	5.88	5.64	6.18	5.89
4.01	4.36	6.09	5.59	5.75	5.37	5.86	5.36
4.14	4.56	6.38	5.98	6.01	5.68	6.00	5.70
3.92	4.34	6.16	5.53	5.53	5.33	5.73	5.39
3.60	3.80	5.95	5.65	5.66	5.22	5.56	5.22
3.82	4.22	6.11	5.73	5.63	5.40	5.83	5.48
3.60	4.06	5.54	5.64	5.39	5.05	5.64	5.19
3.63	4.21	6.02	5.62	5.58	5.34	5.44	5.31
3.04	4.75	5.15	5.25	4.93	4.81	5.09	4.76
3.00	3.23	4.49	4.78	4.65	4.49	4.55	4.46
3.37	3.74	5.23	5.49	5.12	5.17	4.97	4.84
3.86	4.31	5.34	5.33	5.02	4.93	5.08	4.72
3.69	4.09	5.37	5.16	5.01	4.81	5.24	4.76
4.43	4.88	6.00	5.47	5.52	5.52	5.56	4.64
4.40	4.63	5.53	5.39	5.43	5.34	4.95	4.64
4.16	4.31	5.93	5.52	5.38	5.36	5.24	4.76
3.08	3.18	4.81	4.48	4.29	4.47	4.31	3.93
2.02	2.08	3.15	3.01	2.73	3.01	2.75	2.45
1.88	1.88	2.47	2.30	2.12	2.42	2.09	2.04
2.15	1.99	2.45	2.22	2.08	2.31	2.03	2.04

全国の合計出生率変動（1899〜1965年）の推計値の算出の仕方

	普通出生率	合計出生率 （確定値）	比較値の 平均値	推計値		普通出生率	合計出生率 （確定値）	比較値の 平均値	推計値
1899	32.0		6.86	4.66	1935	31.6		6.86	4.61
1900	32.4		6.86	4.72	1936	33.0		6.86	4.81
1901	33.9		6.86	4.94	1937	30.9		6.86	4.50
1902	33.6		6.86	4.90	1938	27.2		6.86	3.96
1903	32.7		6.86	4.77	1939	26.6		6.86	3.88
1904	31.2		6.86	4.55	1940	28.4		6.86	4.14
1905	31.2		6.86	4.55	1941	31.8		6.86	4.63
1906	29.6		6.86	4.31	1942	30.9		6.86	4.50
1907	34.0		6.86	4.96	1943	30.9			
1908	34.7		6.86	5.06	1944				
1909	34.9		6.86	5.09	1945				
1910	34.8		6.86	5.07	1946				
1911	35.1		6.86	5.12	1947	34.5		6.86	5.03
1912	34.4		6.86	5.01	1948	33.4		6.86	4.87
1913	34.3		6.86	5.00	1949	32.8		6.86	4.78
1914	34.8		6.86	5.07	1950	28.1	3.65		3.65
1915	34.1		6.86	4.97	1951	25.3			
1916	33.7		6.86	4.91	1952	23.4			
1917	33.5		6.86	4.88	1953	21.5			
1918	32.7		6.86	4.77	1954	20.0			
1919	32.3		6.86	4.71	1955	19.4	2.36		2.36
1920	36.2		6.86	5.28	1956	18.5			
1921	35.1		6.86	5.12	1957	17.2			
1922	34.3		6.86	5.00	1958	18.0			
1923	35.2		6.86	5.13	1959	17.5			
1924	33.9		6.86	4.94	1960	17.2	2.01		2.01
1925	34.9	5.10		5.10	1961	16.9			
1926	34.6		6.86	5.04	1962	17.0			
1927	33.4		6.86	4.87	1963	17.3			
1928	34.1		6.86	4.97	1964	17.7			
1929	32.7		6.86	4.77	1965	18.6	2.15		2.15
1930	32.4	4.71		4.71					
1931	32.1		6.86	4.68					
1932	32.9		6.86	4.80					
1933	31.5		6.86	4.59					
1934	29.9		6.86	4.36					

注）推計値＝普通出生率÷比較値の平均値
　　1925年比較値：6.84、1930年比較値：6.88、
　　平均値：6.86
　　1950年比較値：7.70、1955年比較値：8.22、
　　平均値：7.96

大阪府の合計出生率変動（1899～1965 年）の推計値の算出の仕方

	普通出生率	合計出生率（確定値）	比較値の平均値	推計値
1899	30.4		8.11	3.75
1900	30.4		8.11	3.75
1901	32.4		8.11	4.00
1902	30.7		8.11	3.79
1903	34.1		8.11	4.21
1904	28.3		8.11	3.49
1905	27.0		8.11	3.33
1906	28.0		8.11	3.45
1907	31.3		8.11	3.86
1908	30.9		8.11	3.81
1909	29.7		8.11	3.66
1910	29.3		8.11	3.62
1911	34.2		8.11	4.22
1912	29.0		8.11	3.58
1913	27.8		8.11	3.43
1914	33.1		8.11	4.08
1915	27.1		8.11	3.34
1916	28.7		8.11	3.54
1917	23.0		8.11	2.84
1918	25.7		8.11	3.17
1919	26.1		8.11	3.22
1920	30.4		8.11	3.75
1921	29.7		8.11	3.66
1922	29.5		8.11	3.64
1923	30.0		8.11	3.70
1924	28.5		8.11	3.52
1925	28.3	3.53		3.53
1926	29.3		8.11	3.62
1927	27.2		8.11	3.36
1928	28.6		8.11	3.53
1929	26.4		8.11	3.26
1930	26.3	3.21		3.21
1931	25.7		8.11	3.17
1932	27.5		8.11	3.39
1933	25.3		8.11	3.12
1934	24.1		8.11	2.97
1935	24.5		8.11	3.02
1936	23.2		8.11	2.86
1937	23.1		8.11	2.85
1938	20.0		8.11	2.47
1939	20.4		8.11	2.52
1940	23.8		8.11	2.94
1941	27.8		8.11	3.43
1942	25.0		8.11	3.08
1943				
1944				
1945				
1946				
1947	32.3		8.11	3.99
1948	31.3		8.11	3.86
1949	30.5		8.11	3.76
1950	21.5	2.87		2.87
1951	21.5			
1952	19.3			
1953	18.0			
1954	16.6			
1955	15.9	1.77		1.77
1956	16.1			
1957	15.2			
1958	16.8			
1959	16.8			
1960	17.3	1.78		1.78
1961	17.7			
1962	19.2			
1963	19.6			
1964	20.6			
1965	22.1	2.20		2.20

注）推計値＝普通出生率÷比較値の平均値
　　1925 年比較値：8.02、1930 年比較値：8.19、平均値：8.11
　　1950 年比較値：7.49、1955 年比較値：8.98、平均値：8.24

岩手県の合計出生率変動表（1899～1965年）の推計値の算出の仕方

年代	普通出生率	合計出生率 （確定値）	比較値の 平均値	推計値	年代	普通出生率	合計出生率 （確定値）	比較値の 平均値	推計値
1899	34.4		6.76	5.09	1935	38.7		6.76	5.73
1900	33.4		6.76	4.94	1936	38.1		6.76	5.64
1901	37.0		6.76	5.47	1937	38.0		6.76	5.62
1902	36.1		6.76	5.34	1938	35.5		6.76	5.25
1903	33.1		6.76	4.90	1939	32.3		6.76	4.78
1904	31.0		6.76	4.59	1940	37.1		6.76	5.49
1905	33.1		6.76	4.90	1941	36.0		6.76	5.33
1906	29.2		6.76	4.32	1942	34.9		6.76	5.16
1907	34.2		6.76	5.06	1943				
1908	36.6		6.76	5.42	1944				
1909	38.0		6.76	5.62	1945				
1910	37.1		6.76	5.49	1946				
1911	38.1		6.76	5.64	1947	37.0		6.76	5.47
1912	35.9		6.76	5.31	1948	36.4		6.76	5.39
1913	35.7		6.76	5.28	1949	37.3		6.76	5.52
1914	34.1		6.76	5.05	1950	30.5	4.48		4.48
1915	36.4		6.76	5.39	1951	30.5			
1916	36.8		6.76	5.45	1952	30.1			
1917	36.6		6.76	5.42	1953	27.2			
1918	37.4		6.76	5.53	1954	25.8			
1919	35.9		6.76	5.31	1955	24.3	3.01		3.01
1920	44.3		6.76	6.55	1956	22.6			
1921	41.3		6.76	6.11	1957	20.4			
1922	40.4		6.76	5.98	1958	21.6			
1923	42.2		6.76	6.24	1959	20.0			
1924	40.4		6.76	5.98	1960	19.2	2.30		2.30
1925	41.1	6.01		6.01	1961	18.6			
1926	41.7		6.76	6.17	1962	18.1			
1927	40.6		6.76	6.01	1963	17.9			
1928	40.8		6.76	6.04	1964	17.7			
1929	39.9		6.76	5.90	1965	17.5	2.22		2.22
1930	39.4	5.90		5.90					
1931	37.8		6.76	5.59					
1932	40.4		6.76	5.98					
1933	37.4		6.76	5.53					
1934	38.2		6.76	5.65					

注）推計値＝普通出生率÷比較値の平均値
　　1925年比較値：6.84、1930年比較値：6.68、
　　平均値：6.76
　　1950年比較値：6.81、1955年比較値：8.07、
　　平均値：7.44

人名索引

あ

浅野富美枝　45
安部磯雄　123
石川武美　109, 110
石崎昇子　21-23, 43, 45, 61, 110, 111
石塚裕道　110
石原修　79
伊集院葉子　45
伊藤野枝　111
稲村隆一　129
犬丸義一　61
岩井サチコ　109
上野千鶴子　111
氏家幹人　43
江刺昭子　112
大門正克　15, 22, 110, 113, 128, 130, 151, 159
太田典礼　21, 111
太田敏兄　119, 128, 129, 140, 157
大橋隆憲　109, 110
大庭みな子　24, 44
大林道子　22, 82, 130
大牟羅良　150, 158, 159
大森和子　110
緒方正清　82
岡本梁松　22
荻野久作　99
荻野美穂　13, 21, 44, 111, 135
奥むめお　102, 112, 113
尾高煌之助　21, 44
落合恵美子　8, 17, 20, 24, 44, 163, 176

小野沢あかね　22
折井美耶子　21, 110
小和田美智子　21

か

加藤シヅエ　21
加藤タキ　21
加藤陽子　67, 81, 82, 136
金津日出美　21
金子幸子　109, 110
河合隼雄　24, 44
川上武　82
蒲原宏　83
菊地武雄　159
北河賢三　159
鬼頭宏　20, 23, 43
木村尚子　21
木本喜美子　175
九津見房子　101, 112
黒須里美　24
栗山圭子　45
黒田弘子　21
後藤道夫　175

さ

斎藤修　21, 32, 44, 62
桜井由機　43
佐々木敏二　21, 112
沢山美果子　22
サンガー、マーガレット　14, 98, 101
柴原浦子　21
新屋均　43

菅野則子　23
鈴木裕子　112
鈴木譲二　82

た
高木正朗　21, 43, 44
高野岩三郎　86, 109
高橋瑞子　73
竹内茂代　129
舘かおる　21
谷本雅之　43
玉真之介　130
田間泰子　22
利谷信義　135

な
中川清　61, 62, 85, 109, 157, 160
長島淳子　20, 45
中嶋弓子　81
長野ひろ子　21, 43, 135
中鉢正美　109
永原和子　110, 136
中村紀伊　112
中村政則　61
長与専斎　72, 82
成田龍一　110, 157
二階堂保則　79, 83
西澤直子　63
西本勝美　176

は
橋本紀子　112
浜野潔　43
早川紀代　22, 109
林茂　158
速水融　20, 23, 24, 27, 43
原田皐月　111
原ひろ子　21
平井和子　21

平塚らいてう　102, 111
福島正夫　135
服藤早苗　45
藤目ゆき　12, 21
船橋邦子　21
ホッパー、ヘレン　21

ま
馬島僴〈ゆたか〉　100
松浦昭　43-45
松尾尊兊〈たかよし〉　21, 111
松方正義　61
松原岩五郎　47, 61
宮坂靖子　111
宮本みち子　176
宮本百合子　44
村松稔　160
森嘉兵衛　45, 62
森長英三郎　21

や
安丸良夫　21
山上喜美恵　140
山上武雄　118, 140
山田わか　111
山本宣治　21, 97, 101, 111, 112, 117, 123, 124, 128, 130
湯沢雍彦　109, 136, 176
横山源之助　45, 48, 61, 62
横山百合子　45
米田佐代子　111

わ
若槻康雄　82
渡辺悦次　112
渡辺治　176
渡辺尚志　44, 62

事項索引

あ

愛児女性協会　106
アジア太平洋戦争　7, 65, 66, 128, 144
アルバイト　170, 172
家制度　92
育児　86, 87, 92, 93, 105, 133, 147, 150-154, 159, 168
育児相談　151
医制　70, 72, 74, 75, 82
1.57ショック　168
一家団欒　93
移民　13, 68-70, 80
移民会社　69, 70
入会地〈いりあいち〉　36, 37, 39, 54
岩倉米欧使節団　72
岩手県国保連合会機関誌　59
『岩手の保健』　59, 62, 144, 150, 152, 158, 159
生めよ殖やせよ　132-134
生めよ育てよ国の為　132, 135
永小作　56
オイルショック　165
大阪バース・コントロール研究会　101
大原社会問題研究所　109, 119
オギノ式避妊方法　99, 102, 106, 108, 122, 131, 148, 150, 156
恩賜財団母子愛育会　82

か

開港　51, 71
下級官公吏　85, 87, 88

家業　16, 26, 29, 94, 104, 141, 152
家計簿　93
家産　26, 91, 108, 165
家事使用人　93, 104
家族計画　21, 22, 45, 106, 141, 156
官約移民　69, 70
官有林野　39
機業地　17, 27-29, 42
寄生地主　55
教育勅語　13
享保の全国人口調査　7
均分相続　145
口減らし　27
軍事扶助金　133
京浜工業地帯　50, 102
契約社員　170, 172
月給　51, 86-89, 91-94, 96, 104, 106, 110
結婚斡旋所　133
結婚十訓　132
結婚制限　17, 35
結婚報国　135
兼業農家　140, 142
健康乳幼児表彰　133
合計特殊出生率　7, 8, 20, 24, 157, 175, 180, 182
公衆衛生　14, 19, 65, 70, 72, 75, 81, 164
工場法　49, 79, 80, 83
厚生省人口問題研究所　24, 159
高等女学校　92, 93, 98
高度経済成長　8, 139
神戸産児制限研究会　100
国勢調査　20, 23, 88, 89, 163, 176

国勢調査施行令　88
国民皆兵　12, 66
国民優生法　132, 135
小作慣行　56, 125
小作権　145
小作収支計算書　117, 118, 121
小作争議　115, 116, 118, 119, 130, 140
小作地　55, 56, 58, 115, 116, 125, 127, 145
小作人　44, 45, 58, 62, 115, 116, 120, 125
小作農民運動　116, 118
小作料　47, 50, 55, 116-118, 125, 130
小作料永久3割減　115
『古事類苑』　82
戸主　39, 41, 42, 67, 119
戸籍　23, 38, 88
戸籍法改正　49
コンドーム　94, 106, 122, 131, 143, 145, 150, 156

さ

座繰製糸　51
『山峨女史家族制限法批判』　101, 111
産業革命　48-50, 76, 81, 85
産児制限　21, 62, 94, 95, 98-102, 110, 112, 117-119, 122, 123, 129, 132, 144, 145, 158
『産児制限論』　94, 95
産児調節　14, 19, 21, 22, 95, 98, 99, 101-103, 108, 111, 112, 119, 121, 122, 128, 129, 135, 141, 146, 154, 159
産児調節公認法　123, 124
『産児調節評論』　101, 112, 129
産褥熱　71
三都　25
産婆　12, 14, 21, 22, 70-75, 77, 78, 80, 82, 102
産婆学校　73, 74
産婆規則　74
産婆試験規則　74
産婆制度　19, 65, 74
産婆登録規則　74

GHQ　13
ジェンダー史　12, 13, 184, 187
宗門改帳　27, 28, 35
『主婦之友』　93, 99, 109, 110
シベリア出兵　53
自作農家　47, 96, 120, 127, 141, 145, 148, 149
死産調査　19, 75, 80
死産率　50, 78
士族反乱　67
地主制　19, 50, 54-58, 60, 78, 115
地主・小作制度　18, 55, 60, 61
社会学　8, 17, 43, 119, 128, 129, 157
社会大衆婦人同盟　102
社会民衆婦人同盟　102
姑　141, 151-154, 159, 165
出版法　96
少子化社会対策基本法　168
『少子化社会対策白書』　169, 176
少子化問題　168, 173, 175
小児保健報国会　133
消費組合活動　49
昭和農業恐慌　126, 127
職業婦人　92, 93
職業婦人社　103
職工　49, 50, 52, 61, 85-89, 100, 104, 109, 140
殖産興業　12, 51, 52
嘱託　79, 170, 172
職人　26, 47, 51, 86-89, 109
女子職業熱勃興　75
女性史　12, 21, 22, 52, 62, 83, 95, 109, 110
受胎調節　59, 62, 142, 147, 148, 150, 151, 155, 159, 160
受胎調節実施指導員　147
受胎調節実施指導員認定講習　155
助産所　153
助産婦　21, 82, 83, 147, 155
所帯　25, 49, 93
人口自然増加率　130, 132

人口政策確立要綱　132, 133
人口動態　18, 20, 23, 26, 82, 135, 136, 157, 175, 176, 182
人工妊娠中絶　12, 15, 21, 96, 99, 106, 124, 131, 138, 143, 145, 148, 150, 156, 157, 160
新自由主義経済　20, 170, 174, 175
壬申〈じんしん〉戸籍　23, 38
『新真婦人』　95, 110
新婦人協会　102
人力車夫　48
製糸工場　16, 51, 52, 92
『青鞜』　95, 110, 111
性比アンバランス　164
性別役割分担　51, 86, 105, 157, 162, 175
生命保険　87, 92, 93
世帯　28, 36, 44, 85, 87, 88, 89, 105, 113, 121, 126, 127, 129, 141, 146, 147, 158, 176
専業主婦　93, 162
全小作農家　56, 58, 145
前借金　92
村落規制　17, 34-42, 54, 56, 58, 60

た

第一次世界大戦　68, 86
『第三帝国』　96, 111
大東京市　90
大日本衛生会　50
大日本婦人会　135
タイピスト　92
託児所　103-106, 113
多産多死　12
堕胎　12-15, 17, 21-23, 65, 66, 70, 71, 73, 82, 95-97, 99, 111, 124, 129, 135
堕胎罪　12-14, 18, 21, 65, 70, 95, 99, 111, 124, 129
堕胎論争　95, 110, 111
男子のみ普通選挙　123
治安維持法重罰化　124
地租改正　39, 41, 42, 47

地租改正条例　38, 55
地方名望家　51, 92
『中央公論』　21, 96
徴兵　12, 14, 65, 67, 68, 80, 116, 121, 135, 138
徴兵検査　65-68
徴兵告諭　66
徴兵制　65-67, 81, 82, 136
徴兵令　66, 67
徴兵令改正　67, 68
貯蓄奨励婦人講師　105
月島調査　89, 109
出稼ぎ　16, 17, 28, 54, 79, 127, 152, 153, 165
田畑勝手作禁止　38
天保飢饉　30-33, 36-38
天明飢饉　30
東京府病院　73, 82
土地永代売買禁止令　38
『土地と自由』　117
とりあげばば　71
ドレスデン万国衛生博覧会　76, 78

な

内縁関係　133
内職　50, 86-88, 90, 103-106
内務省衛生局　74, 80, 109
ニート　172
日露戦争　55, 68, 75, 81, 94
日給月給制　86-89, 100
日給賃金制　49
日清戦争　81
日中戦争　131
日本女子大学校　102
日本農民組合（日農）　116-118, 124, 128, 140
日本農民組合全国大会　117, 123
日本労働組合総同盟　100, 101
乳児検診　151, 153
乳児死亡率　23, 24, 26, 43-45, 49, 50, 52-54,

61, 75, 76, 78, 79, 113, 147
妊婦健診　153
年俸　51, 170, 171
農商務省小作慣行調査報告　125
農地解放　15, 128, 141, 145, 149, 180
農民意識調査（1924 年）　119
農民意識調査（1954 年）　140

は

パート　132, 162, 170, 172
梅毒　78
廃藩置県　38, 41, 66
売薬法　96, 97
派遣社員　170, 172
非正規雇用　11, 20, 140, 170, 172-176, 181
人返し令　17
避妊　12, 14, 15, 21, 59, 66, 94-102, 106, 108, 110, 111, 122, 124, 131, 132, 135, 143, 145, 148, 150, 155-157
丙午〈ひのえうま〉　167
日雇人夫　48
風俗紊乱　98
夫婦別姓　169
富国強兵　12, 65, 66
武士家族　26
『婦人公論』　98, 105, 113, 156, 160
婦人セツルメント　102-105, 112, 113
婦人セツルメント妊娠調節相談所　103
普通小作　56
普通出生率　22, 23, 33, 36, 44, 131, 135, 157
平均余命　7, 40, 125
ペッサリー　98, 102
ベビーブーム　12, 53, 138, 142-144
俸給生活者　105, 113, 141, 142
奉公　17, 25, 27-29, 31, 41, 42, 48, 52, 89, 135
奉公人　25, 26, 43, 60, 180
保健委員　153, 154
保健衛生調査会　77, 79, 80, 81

保健婦　82, 83, 150, 151, 153, 154
保健婦制度　151
母子健康検診　146, 147
母子保健法　83
戊辰戦争　69
北海道開拓使　69
本源的蓄積　81

ま

毎日新聞社「産児調節に関する全国世論調査」　154
毎日新聞社人口問題調査会　159, 160
賄い費　93
松方デフレ政策　47, 69, 77, 81
間引き　17, 36, 111
満州事変　91
身売り　127
民法改正　145
村請　35, 37, 38, 41, 42
明治維新　13, 21-23, 38-42, 45, 66, 96, 179

や

雇い止め　171, 172
遊廓　127
優生学　132
優生保護法　12, 21, 124, 138, 143, 145, 155
洋裁学校　150
養蚕　40, 51, 118
養老保険　89, 92, 93
嫁　28, 90, 141, 149, 151, 153

ら

立身出世　51
良妻賢母主義教育　92
歴史人口学　13, 17, 20, 23, 24, 27, 43, 44

初出一覧

序　章　書下ろし
第1章　書下ろし
第2章　書下ろし
第3章　「明治期の生殖をめぐる国家政策」『歴史評論』600号、2000年4月号を大幅に加筆修正
第4章　「日本近代の家族と生殖──1910年～1950年代」『総合女性史研究』第24号、2007年と「大正期の生殖をめぐる国家政策」『総合女性史研究』第15号、1998年を大幅に加筆修正
第5章　「日本近代の家族と生殖──1910年～1950年代」『総合女性史研究』第24号、2007年を大幅に加筆修正
第6章　書下ろし
第7章　書下ろし
第8章　書下ろし
終　章　書下ろし

※　本研究で扱った時代や資料に用いられている職業名のなかには、今日では言い換えをしたほうが望ましいとされるものもあるが、本書では当時の用語や資料を尊重し、なるべくそのまま用いた。

図表一覧

表2-1　岐阜県・滋賀県の合計出生率と乳児死亡率　　　53頁
表2-2　岩手県の合計出生率と乳児死亡率　　　　　　53頁
表2-3　岩手県北部における出生児数と乳幼児死亡数（1952年調査）
　　　　　　　　　　　　　　　　　　　　　　　　57頁
表3-1　ドイツにおけるアルテル氏調査
　　　　　養育の種類と乳児死亡との関連（19世紀半ば）　77頁
表4-1　保育園利用家族の父親の職業と収入（1939年）　104頁
表4-2　都市型における合計出生率（1910～42年）　　107頁
表5-1　都市近郊農村型における合計出生率（1920～40年）　123頁
表5-2　東北6県における合計出生率（1920～1940年）　127頁
表7-1　都市型における合計出生率の変動（1940～65年）　139頁
表7-2　都市近郊農村型における合計出生率の変動（1940～65年）
　　　　　　　　　　　　　　　　　　　　　　　　143頁
表7-3　東北農村型における合計出生率の変動（1940～65年）　154頁
図8-1　年齢別未婚率の推移（男性）　　　　　　　　166頁
図8-2　年齢別未婚率の推移（女性）　　　　　　　　166頁
図8-3　生涯未婚率の年次推移　　　　　　　　　　　167頁
表8-1　年齢階級別にみた男性における賃金前年増減率の
　　　　雇用形態間格差（月平均、単位：1000円）　　171頁

石崎昇子（いしざき・しょうこ）

1949 年　広島県生まれ
1972 年　静岡大学人文学部卒業
1975 年　神戸大学大学院文学研究科日本史学専攻修了、文学修士
筑波大学附属高校等の非常勤講師を経て
現在、専修大学文学部非常勤講師

主要著書・論文

『歴史のなかの家族と結婚――ジェンダーの視点から』（森話社、2011 年、共著）、「生殖の自由と産児調節運動――平塚らいてうと山本宣治」（総合女性史研究会編『日本女性史論集 9』吉川弘文館、1998 年）、「母性保護・優生思想をめぐって」（婦女新聞を読む会編『「婦女新聞」と女性の近代』不二出版、1997 年）、「『青鞜』におけるセクシュアリティの探求」（『山梨県立女子短大紀要』32 号、1999 年）、「近代日本の生殖原理と家族」（松田純編『生命ケアの比較文化論的研究とその成果に基づく情報の集積と発信』平成 15－17 年度科学研究費補助金（基盤研究(B)(2)研究成果報告書）2006 年）

近現代日本の家族形成と出生児数
―― 子どもの数を決めてきたものは何か

2015 年 8 月 31 日　初版第 1 刷発行
2017 年 5 月 15 日　初版第 3 刷発行

著　者	石　崎　昇　子
発行者	石　井　昭　男
発行所	株式会社　明石書店

〒101-0021　東京都千代田区外神田 6-9-5
電　話　03(5818)1171
ＦＡＸ　03(5818)1174
振　替　00100-7-24505
http://www.akashi.co.jp

装　丁	明石書店デザイン室
印　刷	株式会社文化カラー印刷
製　本	本間製本株式会社

（定価はカバーに表示してあります）
ISBN978-4-7503-4236-8

JCOPY 〈(社)出版者著作権管理機構　委託出版物〉
本書の無断複写は著作権法上での例外を除き禁じられています。複写される場合は、そのつど事前に、(社)出版者著作権管理機構（電話 03-3513-6969、FAX 03-3513-6979、e-mail: info@jcopy.or.jp）の許諾を得てください。

日本人の「男らしさ」 サムライからオタクまで「男性性」の変遷を追う
サビーネ・フリューシュトゥック、アン・ウォルソール編著
長野ひろ子監訳　内田雅克、長野麻紀子、粟倉大輔訳
● 4600円

異なっていられる社会を 女性学／ジェンダー研究の視座
金井淑子
● 2300円

弁護士のワークライフバランス
ジェンダー差から見たキャリア形成と家事・育児分担
中村真由美編著
● 3800円

女性弁護士の歩み 3人から3000人へ
日本弁護士連合会 両性の平等に関する委員会編
● 2600円

事例で学ぶ 司法におけるジェンダー・バイアス［改訂版］
第二東京弁護士会 両性の平等に関する委員会／司法におけるジェンダー問題諮問会議編
● 2800円

タイム・バインド（時間の板挟み状態） 働く母親のワークライフバランス
仕事・家庭・子どもをめぐる真実
A.R.ホックシールド著　坂口緑、中野聡子、両角道代訳
● 2800円

産める国フランスの子育て事情 出生率はなぜ高いのか
牧陽子
● 1600円

フランスに学ぶ男女共同の子育てと少子化抑止政策
冨士谷あつ子、伊藤公雄編著
● 2800円

女性就業と生活空間 仕事・子育て・ライフコース
由井義通編著　神谷浩夫、若林芳樹、中澤高志、矢野桂司、木下礼子、加茂浩靖、久木元美琴、久保倫子、ダレンレン著
● 4600円

京都大学 男女共同参画への挑戦
京都大学女性研究者支援センター編
● 3000円

時代を拓く女性リーダー 行政・大学・企業・団体での人材育成支援
国立女性教育会館、有馬真喜子、原ひろ子編
● 2500円

国際比較：仕事と家族生活の両立 OECDベイビー＆ボス総合報告書
OECD編著　高木郁朗監訳　熊倉瑞恵、関谷みのぶ、永由裕美訳
● 3800円

近代日本の女性専門職教育 生涯教育学から見た東京女子医科大学創立者・吉岡彌生
渡邊洋子
● 5200円

女子理学教育をリードした女性科学者たち 黎明期・明治期後半からの軌跡
蟻川芳子監修　日本女子大学理学教育研究会編
● 4800円

子づれシングル ひとり親家族の自立と社会的支援
神原文子
● 2800円

子づれシングルと子どもたち ひとり親家族で育つ子どもたちの生活実態
神原文子
● 2500円

〈価格は本体価格です〉

明治維新とジェンダー 変革期のジェンダー再構築と女性たち
長野ひろ子
●3000円

平安朝の女性と政治文化 宮廷・生活・ジェンダー
服藤早苗編著
●2500円

枕崎 女たちの生活史 ジェンダー視点からみる暮らし、習俗、政治
佐々木陽子編著　山﨑喜久枝著
●3200円

「働くこと」とジェンダー ビジネスの変容とキャリアの創造
金谷千慧子
●2200円

越境するジェンダー研究
(財)東海ジェンダー研究所記念論集編集委員会編
●5000円

ジェンダーから世界を読むⅡ 表象されるアイデンティティ
中野知律、越智博美編
●2800円

ヨーロッパ・ジェンダー文化論 女神信仰・社会風俗・結婚観の軌跡
浜本隆志、伊藤誠宏、柏木治、森貴史、溝井裕一著
●2400円

ジェンダー・クオータ 世界の女性議員はなぜ増えたのか
三浦まり、衛藤幹子編著
●4500円

OECDジェンダー白書 今こそ男女格差解消に向けた取り組みを！
OECD編著　濱田久美子訳
●7200円

現代労働市場の理論
竹中恵美子著作集Ⅰ　竹中恵美子
●6800円

戦後女子労働史論
竹中恵美子著作集Ⅱ　竹中恵美子
●7800円

戦間・戦後期の労働市場と女性労働
竹中恵美子著作集Ⅲ　竹中恵美子
●6800円

女性の賃金問題とジェンダー
竹中恵美子著作集Ⅳ　竹中恵美子
●6000円

社会政策とジェンダー
竹中恵美子著作集Ⅴ　竹中恵美子
●7200円

家事労働（アンペイド・ワーク）論
竹中恵美子著作集Ⅵ　竹中恵美子
●6000円

現代フェミニズムと労働論
竹中恵美子著作集Ⅶ　竹中恵美子
●6000円

〈価格は本体価格です〉

ジェンダー史叢書【全8巻】

ジェンダーの視点から人類史にアプローチする

本叢書は、ジェンダーの視点から人類史にアプローチするもので、ジェンダー史の最新の学問的成果を広く学界や社会で共有することを目的として企画された。150人を超える執筆陣が、現代的課題を重視しつつ、学際的・国際的視野から包括的なジェンダー・アプローチを行うことで、ジェンダー史研究のみならず、隣接諸科学も含む学術研究の発展にも多大な貢献をすることをめざす。

1 権力と身体
服藤早苗、三成美保 編著（第7回配本）

2 家族と教育
石川照子、髙橋裕子 編著（第8回配本）

3 思想と文化
竹村和子、義江明子 編著（第5回配本）

4 視覚表象と音楽
池田忍、小林緑 編著（第3回配本）

5 暴力と戦争
加藤千香子、細谷実 編著（第2回配本）

6 経済と消費社会
長野ひろ子、松本悠子 編著（第1回配本）

7 人の移動と文化の交差
粟屋利江、松本悠子 編著（第6回配本）

8 生活と福祉
赤阪俊一、柳谷慶子 編著（第4回配本）

A5判／上製　◎各4800円

〈価格は本体価格です〉